青少年身体活动促进的社会生态系统研究

社会生态系统研究

高思垚　著

人民体育出版社

图书在版编目（CIP）数据

青少年身体活动促进的社会生态系统研究 / 高思垚
著. -- 北京：人民体育出版社, 2023
ISBN 978-7-5009-6340-0

Ⅰ.①青… Ⅱ.①高… Ⅲ.①青少年—体育活动—研
究—中国 Ⅳ.①G812.45

中国国家版本馆CIP数据核字(2023)第132736号

*

人 民 体 育 出 版 社 出 版 发 行
北京中献拓方科技发展有限公司印刷
新 华 书 店 经 销
*
710×1000 16开本 11.25印张 196千字
2023年11月第1版 2023年11月第1次印刷
*
ISBN 978-7-5009-6340-0
定价：53.00元

社址：北京市东城区体育馆路 8 号（天坛公园东门）
电话：67151482（发行部） 邮编：100061
传真：67151483 邮购：67118491
网址：www.psphpress.com
（购买本社图书，如遇有缺损页可与邮购部联系）

前　言

　　青少年身体活动不足已经成为世界范围内的公共卫生问题。青少年是处于健康行为习惯养成的关键时期，身体活动不足不仅会影响青少年的骨骼、肌肉发育，而且会增加患肥胖症、高血压、糖尿病等疾病的风险。因此，我国青少年身体活动的现实状况如何，怎样有效促进我国青少年身体活动水平的提高等问题成为亟待解决的研究热点。本书即为针对这些问题的研究成果。

　　社会生态系统理论将人类所生存的社会环境视为一个完整的生态系统，强调人的行为发展受到系统中各种不同因素的共同作用，对人的行为发展进行了新的诠释。本书以青少年身体活动为研究对象，以社会生态系统理论、社会支持理论等为研究基础，采用文献资料法、数理统计法、访谈法、问卷调查法等，数据来源选取"中国健康与营养调查"（CHNS）数据，借助SAS 9.4、R 3.6.1、ArcGIS 10.4、NVivo 11.0、Amos 24.0等统计分析软件对我国青少年身体活动促进社会生态系统进行了深入的研究。

　　具体来讲，本书共分为七章：

　　第一章为绪论。本章首先阐明了选题背景，接着运用知识图谱的研究方法梳理了相关文献，在此基础上，指出了本书要解决的主要问题，而后阐释了本书的目的与意义，最后阐述了本书的思路与方法。

　　第二章为概念界定与理论基础。一方面，在前人研究的基础上对本研究主题所涉及的核心范畴"身体活动""青少年"等进行了比较系统的概念界定；另一方面，对国际上较为先进的社会生态系统理论、人口健康促进模型、青少年身体活动促进模型、社会支持理论进行简要的回顾和梳理，为后续研究提供理论支撑。

第三章为我国青少年身体活动的状况及变化趋势。该部分基于"中国健康与营养调查"（CHNS）数据，采用流行病学的研究方法，从交通性身体活动、家务性身体活动、学校体育活动、校外体育活动四个方面对我国青少年身体活动的现实状况进行描述，并利用 GIS 技术分析其时空变化趋势，从而在宏观上增强对当前我国青少年身体活动状况的认识。

第四章为青少年身体活动促进社会生态系统的构建，是本书的重要内容之一。本章利用扎根理论的质性研究方法，对社会生态系统各层级具有代表性的对象进行深度访谈，经过三级编码，构建青少年身体活动促进社会生态系统理论模型，识别青少年身体活动促进的关键社会生态因素。

第五章为青少年身体活动促进社会生态系统的实证研究，也是本书的重要内容之一。本部分运用结构方程模型的验证性因子分析对青少年身体活动促进社会生态系统模型进行验证，并对"宏观""中观""微观"三个层面交互关系进行探索。

第六章为青少年身体活动促进的实现路径，是本书的落脚点。本部分结合实证研究结果与国际先进经验，提出我国青少年身体活动促进的实现路径。

第七章为研究结论与展望，总结了主要研究结论和研究的不足之处与展望。

本书在撰写过程中，得到了北京体育大学杨桦教授、华中师范大学王健教授、湖南师范大学李艳翎教授、湖北大学刘勇教授以及母校武汉体育学院吕万刚教授、漆昌柱教授、王志强教授、杨翼教授、王松教授、郑湘平教授、刘亮教授、赵富学教授、柳鸣毅教授、聂应军教授等诸多专家学者的支持与指导，在此表示衷心的感谢。感谢中国疾病预防控制中心营养与健康所和北卡罗莱纳大学教堂山分校卡罗莱纳人口中心（R01-HD30880、DK056350和R01-HD38700）提供的"中国健康与营养调查"（CHNS）数据。感谢2020年湖南省哲学社会科学基金的资助。

　　最后，需要指出的是，限于作者的水平、时间及精力，本书的缺点与不足在所难免，殷切期望广大读者批评指正。

高思垚

2022年12月于中南大学

目　录

第一章 绪论

一、选题背景

（一）健康中国背景下人民对健康的全面诉求

自20世纪70年代末改革开放以来，我国在社会主义现代化建设中取得了令世界瞩目的伟大成就，人民的物质生活水平、精神文明建设都得到了极大的提高。进入21世纪，随着人民群众对健康认识的不断深入，人的全面发展与全方位健康的观念逐渐成为人们的共识。在2008年1月召开的全国卫生工作会议上，卫生部部长陈竺首次提出要研究实施"健康中国2020"战略，努力促进公共服务均等化。2012年8月，《"健康中国2020"战略研究报告》出台，提出以改善城乡居民健康状况、提高国民健康生活质量、减少不同地区健康状况差异为目标。2015年10月，党的十八届五中全会正式提出推进健康中国建设战略构想。2016年8月，全国卫生与健康大会在北京举行，习近平总书记在大会上发表了"要把人民健康放在优先发展的战略地位"的重要讲话，强调"没有全民健康，就没有全面小康"，对健康中国建设进行了全面部署。2016年10月，中共中央、国务院印发的《"健康中国2030"规划纲要》更是开宗明义地指出："健康是促进人的全面发展的必然要求，是经济社会发展的基础条件。"2017年10月，党的十九大报告进一步强调"实施健康中国战略"。健康中国战略已然成为我国重大的国家战略，在我国发展的宏大战略体系中占有举足轻重的核心地位。健康中国建设是重大的民生工程问题，是全面建设社会主义现代化国家的重要保障，是实现"两个一百年"奋斗目标的必然要求，也是我国参与全球健康治理的重要体现。健康是广大人民群众的共同追求，健康中国的建设就是为了满足广大人民群众对健康的全面需求，也就是实现人的全面发展和全要素健康①。"健康中国"概念虽早在2008年就被提出,但当时并未引起各方足够的重视。究其原因,"健康中国2020"是当时国家卫生部制定的,主要是从卫生系统的角度提出的相关战略,具有一定的局限性。而习近平总书记在全国卫生与健康大会上的重要讲话不仅绘就了健康中国的美好蓝图,更为实现这一目标指明了实现路径。他提出"加快推进健康中国建设,努力全方位、全周期保障人民健康"。在此背景下,"健康中国"被赋予了新的时代意义,健康中国战略成为全周期的、全方位的、促进人全面发展的"大健康"宏伟战略。"健康中国"不仅仅是"医疗中国",而是一项涉及医疗、体育、教育、环境、养老等诸多事业的"大概念"。从宏观层面看,健康不仅包括人民群众个人的身心健康,而且包括经济、文化、制度、生态等全要素的健康。从个人角度来讲,健康不仅是疾病的治愈,还涉及人的身体、心理、生活方式、社会交往等多个维度②。习近平总书记还强调"要倡导健康文明的生活方式,树立大卫生、大健康的观念,把以治病为中心转变为以人民健康为中心,建立健全健康教育体系,提升全民健康素养,推动全民健身和全民健康深度融合"。因此,健康中国是一项系统工程,健康中国建设既要关注个体生物系统和自然生态系统,更要关注如何建设一个健康的社会生态系统。在全球健康治理不断深化、不断交融的浪潮下,健康内涵的适应性和可持续性理念不仅体现在人的生存和生活状态上,更在整体层面上展现着广义的生态健康理念③。

(二)青少年体质健康是健康中国建设的基石

少年强则中国强。青少年是祖国的未来,是中华民族的希望。国与国之间综合实力的较量,归根到底是人才的竞争,是国民素质尤其是青少年素质的比拼。青少年的体质健康水平代表着我国未来国民整体的体质健康水平。广大青少年身心健康、体魄强健、意志坚强、充满活力,是一个民族生命力的重要体现,是社会文明进步的显著标志,也是综合国力的本质象征。青少年的体质健

---

①万炳军,曾肖肖,史岩,等."健康中国"视域下青少年体育使命及其研究维度的诠释[J].体育科学,2017,37(10):3-12.
②刘国永.实施全民健身战略,推进健康中国建设[J].体育科学,2016,36(12):3-10.
③万炳军,史岩,曾肖肖."健康中国"视域下体育的价值定位、历史使命及其实现路径——基于习近平治国理政的思想与战略[J].北京体育大学学报,2017,40(11):1-9.

康是实现中华民族伟大复兴的重要保证，是健康中国战略建设的根基，是人才强国战略的重要基础。青少年体质健康是全社会高度关注的热点问题。青少年不仅是未来祖国建设的中坚力量，还是未来健康风险的承担者。全国老龄办公布的数据显示，截至2017年底，我国60岁以上的人口达到2.41亿人，占总人口数的17.3%。根据世界卫生组织（WHO）定义，一个国家或地区65岁及以上的人口比例超过20%，则可以被称为过度老龄社会。我国老年人口预计在2050年左右达到4.87亿，占总人口数的三分之一。我国正在以极快的速度接近"过度老龄社会"。在人口老龄化的大环境下，我国青少年还要承担起老龄社会带来的社会健康责任[①]。同时，青少年体质健康也是个人健康成长的基石，关乎其一生的健康，与千千万万家庭的幸福休戚相关。很多慢性非传染性疾病相关危险因素都始于青少年时期，比如肥胖，约70%青少年肥胖会延续到成年期[②]。青少年时期是人一生中发展的重要阶段，是青春期发育的关键时期，在此期间人的大脑可塑性强，许多不良的负面因素可以在这一时期得到修正。青少年的健康对其下一代的健康同样有着至关重要的影响，青少年时期产生的相关危险因素会影响生殖细胞的质量，并将通过表观遗传修饰危害传递到子代，对子代的生长发育产生不利影响[③]。因而，关注青少年的体质健康问题就是关注未来我国健康可持续治理的问题。近些年，国家和地方政府出台了一系列关于青少年体质健康促进的政策规定和制度文件，提出了一些促进青少年体质健康的措施和监测指标，充分体现了党和国家对青少年体质健康的高度重视。《"健康中国2030"规划纲要》更是将青少年作为重点人群，把青少年的体质健康问题作为核心问题，从教育、体育、生态、文化、医疗等多个维度进行了全面的战略部署，其目标就是培养健康、合格的社会主义建设者和接班人，为我国的可持续健康发展筑基、铺路。

[①] 万炳军，曾肖肖，史岩，等. "健康中国"视域下青少年体育使命及其研究维度的诠释［J］. 体育科学，2017，37（10）：3-12.

[②] The NS, Suchindran C, North KE, et al. Association of adolescent obesity with risk of severe obesity in adulthood［J］. JAMA，2010，304（18）：2042-2047.

[③] Patton G C, Olsson C A, Skirbekk V, et al. Adolescence and the next generation［J］. Nature，2018，554（7693）：458-466.

（三）青少年体质健康问题与身体活动的缺乏

身体活动（Physical Activity，PA）在国内又被称为"体力活动"，包括劳动、步行、体育运动、舞蹈等。自工业革命以来，从早期的蒸汽机到后来的洗衣机，这些新技术的发展都是以减少人们在日常生活中的体力劳动为目的的。然而，人体在进化过程中，如果不受到频繁的身体活动的刺激，则大多数系统（如骨骼、肌肉、新陈代谢和心血管）都不能以最佳的方式运转。尽管技术革命给人类带来了巨大的利益，推动了社会发展与进步，但缺乏身体活动使人类在非传染性疾病流行方面付出了巨大的代价。据世界卫生组织的调查，导致疾病的因素中，个人生活方式占据了60%。全球每年死亡人数的6%都与缺乏身体活动密切相关。2009年，缺乏身体活动被确定为非传染性疾病的第四大风险因素，并造成了300多万例可预防的死亡[1]。特别是随着近些年数码产品的普及，人类的生活方式发生了根本性的改变，人类久坐行为日趋严重，身体活动严重不足，"现代文明病""富贵病""亚健康状态"广泛流行[2]。世界卫生组织建议青少年每天进行不少于60分钟的中高强度身体活动[3]，欧洲的调查显示仅15%的青少年达到了这一要求[4]。而我国仅21.8%的青少年每天的体育锻炼时间超过了60分钟[5]。据中国互联网络信息中心发布的第42次《中国互联网络发展状况统计报告》显示，截至2018年6月我国网民规模为8.02亿人，手机网民规模达7.88亿人，其中10~19岁的青少年网民数占总体网民的18.2%，青少年群体已经成为网民的重要组成

[1]Hallal P C, Andersen L B, Bull F C, et al. Global physical activity levels: surveillance progress, pitfalls, and prospects [J]. Lancet, 2012, 380（9838）: 247-257.

[2]汪晓赞，郭强，金燕，等. 中国青少年体育健康促进的理论溯源与框架构建 [J]. 体育科学，2014，34（3）: 3-14.

[3]World Health Organization. Global recommendations on physical activity for health [M]. Geneva: World Health Organization, 2010.

[4]Currie C, Zanotti C, Morgan A, et al. Social determinants of health and well-being among young people [R]. Copenhagen: World Health Organization Regional Office for Europe, 2012.

[5]章建成，张绍礼，罗炯，等. 中国青少年课外体育锻炼现状及影响因素研究报告 [J]. 体育科学，2012，32（11）: 3-18.

部分①。身体活动的缺乏、过度依赖移动终端娱乐等已经成为青少年生活方式的一种常态，进而导致青少年心血管风险因素、肥胖、超重等体质健康问题。1985年，经国务院批准，我国开始建立学生体质与健康调研制度，对我国学生体质健康进行持续的追踪。据教育部、体育总局等六部门发布的《2014年中国学生体质与健康调研报告》显示，我国学生体质健康状况存在一些突出的问题：速度、爆发力、耐力等身体素质指标继续呈现下降趋势；近视继续呈现低龄化倾向，视力不良率仍居高不下；各年龄段学生肥胖率继续上升②。身体活动的缺乏已经极大地影响了我国青少年的体质健康水平。

（四）青少年身体活动促进面临的窘境与困惑

针对青少年身体活动不足的严峻形势，党的十八大以来，党和国家试图通过一系列政策驱动为青少年身体活动促进提供有效保证，系列政策包括《中共中央关于全面深化改革若干重大问题的决定》《学生体质健康监测评价办法》《中小学校体育工作评估办法》《学校体育工作年度报告办法》《国家学生体质健康标准（2014年修订）》《中国足球改革发展总体方案》《国家义务教育质量监测方案（2021年修订版）》《关于加快发展青少年校园足球的实施意见》《关于强化学校体育促进学生身心健康全面发展的意见》《"健康中国2030"规划纲要》《中长期青年发展规划2016—2025年》等。出台之密、力度之大前所未有，然而当前我国青少年体质健康问题依然不容乐观，政策和文件的实施没有达到预期的成效，青少年身体活动促进效果不甚理想。全社会虽关注青少年体质健康持续下降的现象，却没有深挖其背后的影响因素与运行机制。学校毫无疑问是青少年进行身体活动的主要场所，但单纯依靠学校来解决青少年身体活动缺乏的问题是不现实的。青少年身体活动不足不仅仅是学校体育或某一单方面因素造成的，而是一个涉及社会、环境、社区、学校、家庭等多方面的整体性、系统性、综合性问题。青少年不是孤立存在的群体，而是处于复杂多变的各种环境中，因此，青少年身体活动促进需要在社会生态的

---

① 中国互联网络信息中心. 第42次《中国互联网络发展状况统计报告》［EB/OL］.（2018-08-20）
　　［2021-10-19］. http://www.cac.gov.cn/2018-08/20/c_1123296882.htm.
② 中国学生体质与健康研究组. 2014年中国学生体质与健康调研报告［M］. 北京：高等教育出版社，
　　2016.

整个框架下进行考虑，需要政府、学校、家庭、个人、媒体等多个层面联合协作，形成合力。因此，如何运用更为高效、切实可行的措施与策略去引导广大青少年进行积极的身体活动是目前公共卫生、社会科学与体育科学领域亟待开展的重要课题研究。

二、研究目的与意义

（一）研究目的

本研究立足于我国青少年身体活动的现实状况，构建青少年身体活动促进的社会生态系统模型，在此基础上，通过实证研究对模型进行验证，探索各层级社会生态子系统的交互作用，为促进我国青少年身体活动、提高青少年体质健康水平提供理论依据与实证支持。具体研究目的如下：

①从家务性身体活动、交通性身体活动、学校体育活动、校外体育活动四个方面出发，考察我国青少年身体活动的现实状况及其时空变化趋势；

②结合扎根理论和国际先进经验，构建青少年身体活动促进社会生态系统模型；

③通过实证研究对我国青少年身体活动促进的社会生态系统模型进行验证，探索"微观（个体因素等）—中观（学校、社区等）—宏观（政府、媒体）"的互动关系；

④基于研究结果，为我国青少年身体活动促进提供针对性的对策。

（二）研究意义

本研究以青少年身体活动缺乏、体质健康水平下降问题为切入点，基于社会生态系统理论、社会支持理论等理论基础，从"微观—中观—宏观"多个层面和向度构建我国青少年身体活动促进的社会生态系统模型，厘清各层级社会生态子系统的交互关系，希望发挥各层级社会生态子系统的合力，提高青少年身体活动水平，增强青少年体质，服务于健康中国国家战略的快速全面推进。

其现实意义在于：

①有利于宏观上增进对青少年身体活动现实状况的认识；

②有利于青少年身体活动促进针对性对策的提出；

③有利于更好地为青少年提供健康服务，切实提高青少年体质健康水平；

④有利于提升青少年健康治理的水平，形成多维度共同对青少年体质健康的"善治"，满足新时代青少年群体的全面健康需求。

其理论意义在于：

①可以整合学者们对青少年身体活动促进相关问题的研究，形成青少年身体活动促进社会生态系统研究的基本理论与框架体系；

②可以设计出青少年身体活动促进的理论模型，为提高青少年体质健康水平提供理论依据；

③可以进一步发展青少年健康促进理念，为"健康中国"同步发展提供一些理论上的支持，为国家制定相关政策提供参考建议。

三、国内外研究现状述评

（一）国内青少年身体活动研究现状、前沿及发展态势

本研究以中国知网（CNKI）、中文社会科学引文索引（CSSCI）、中国科学引文数据库（CSCD）等为来源数据库进行检索。通过主题词检索、关键词检索、标题检索、作者检索、机构检索等方式搜集青少年身体活动相关研究文献。被引用频数的高低是衡量一篇文献学术影响力的关键，一段时期内的高被引论文可以看作这一时期的代表作，可以反映出这个时期内该研究领域广泛关注的热点。本研究分为三个阶段来研究青少年身体活动方面的文献，第一阶段为2010年及以前的高被引论文，第二阶段为2011—2014年的高被引论文，第三阶段为2015年至今的高被引论文。

通过对第一阶段的高被引论文分析，可以大体了解2010年以前青少年身体活动相关研究的发展脉络，高被引论文主要集中在2008年以后（15篇），学者从不同的研究视角对青少年身体活动进行了研究，主要集中的研究领域包括现状调查、国外借鉴以及对我国的启示、身体活动测量方法、身体活动对自身水平的影响、身体活动与运动动机、青少年时期的身体活动对成年后疾病发生的影响、肥胖青少年身体活动的实验研究、身体活动与心血管疾病发生的关系、运用传感器测量身体活动水平等（表1-1）。

表1-1 2010年及以前青少年身体活动相关研究高被引论文

序号	主题	作者	来源	时间	被引
1	测量方法	李海燕	上海体育学院博士论文	2010-06	48
2	自尊水平机制	陈红	体育学刊（CSSCI）	2003-01	46
3	现状分析	张世伟、马军、宋逸，等	中国学校卫生	2008-07	45
4	美国、推荐量	关尚一	华东师范大学博士论文	2010-05	37
5	运动传感器、测量	李海燕、陈佩杰、庄洁	上海体育学院学报（CSSCI）	2010-05	32
6	葡萄牙、比较研究	王国勇、程杰	北京体育大学学报（CSSCI）	2009-10	28
7	心血管疾病、风险	邹志春、陈佩杰	上海体育学院学报（CSSCI）	2010-11	26
8	国外、健康促进、现状	刘述芝	哈尔滨体育学院学报	2010-12	26
9	肥胖、耗氧量、实验研究	李海燕、陈佩杰、庄洁	中国运动医学杂志（CSCD）	2010-03	23
10	现状调查	马军、吴双胜、李百惠，等	中国学校卫生	2009-03	19
11	运动动机	熊明生、周宗奎	武汉体育学院学报（CSSCI）	2008-01	18
12	身体活动促进、研究进展	姜莹莹、赵文华	中国慢性病预防与控制	2008-04	14
13	日常饮食和身体活动状况	杨育林、徐留臣、闫静飞，等	中国学校卫生	2006-02	13
14	动机研究	于海峰	东北师范大学博士论文	2008-10	12
15	国外、动机理论、启示	于海峰、倪广维	心理科学（CSSCI, CSCD）	2008-11	9
16	绝经后骨质疏松症、影响	邓士琳、杜玉开	中国妇幼保健	2008-11	7
17	美国、身体活动教育、启示	于海峰、杨兆山、盖笑松	外国教育研究（CSSCI）	2008-12	5

　　相较于第一阶段，第二阶段实验类研究的比重增加，研究的内容和研究热点的口径进一步拓宽，主要涉及的研究方向有：身体活动对体质健康的影响、可穿戴设备测量研究、父母教养方式与身体活动水平的关系、身体活动与健康风险的"剂量—效应"关系、身体活动能量消耗研究、城市环境对身体活动的影响、生态因素对身体活动行为影响、社会生态学模式构建等（表1-2）。

表1-2　2011—2014年青少年身体活动相关研究高被引论文

序号	主题	作者	来源	时间	被引
1	现状、体质健康、相关性	李海燕、陈佩杰、庄洁	上海预防医学	2011—04	47
2	推荐量	王超	上海体育学院博士论文	2013—06	39
3	青少年健康、影响	许汪宇	体育科研	2011—01	24
4	社会生态学模型、综述	苏传令	浙江体育科学	2012—03	23
5	生态因素、身体活动行为、影响	戈莎	北京体育大学博士论文	2012—06	23
6	社会生态学模式构建	陈培友、孙庆祝	上海体育学院学报（CSSCI）	2014—09	22
7	加速度计、测量	王超、陈佩杰、庄洁，等	中国运动医学杂志（CSCD）	2012—09	20
8	肥胖风险、剂量—效应	关尚一、朱为模	上海体育学院学报（CSSCI）	2013—07	19
9	加速度传感器、综述	李松骏、孙飙	南京体育学院学报（自然科学版）	2012—10	12
10	能量消耗	李海燕、庄洁、陈佩杰	中国运动医学杂志（CSCD）	2013—01	11
11	心血管代谢、剂量—效应	关尚一、李良鸣、廖八根，等	广州体育学院学报	2012—03	10
12	摄氧量、实验研究	李海燕、陈佩杰、庄洁	上海预防医学	2011—07	9
13	身体活动特征、对生长发育和代谢指标的影响	朱红、张欣、刘新民，等	中国校医	2011—12	9

（续表）

序号	主题	作者	来源	时间	被引
14	代谢综合征风险、剂量—效应	关尚一、朱为模	西安体育学院学报（CSSCI）	2013—01	14
15	身体活动不足、身体素质	马军	中国儿童保健杂志	2014—10	9
16	行为模式、体能状况	程艺、李雪、庄洁，等	成都体育学院学报（CSSCI）	2014—04	8
17	城市蔓延、地理信息	何晓龙、陈佩杰、庄洁，等	体育科学（CSSCI）	2013—03	8
18	现状、代谢综合征、关联性	张晨	天津体育学院硕士论文	2013—05	8
19	ActiGraph传感器、能量消耗	洪俊睿、袁琼嘉、王涛，等	上海体育学院学报（CSSCI）	2013—05	7
20	能量消耗状况	张子龙、马军、王海俊，等	中国学校卫生	2013—05	7
21	父母教养方式	郑育滨、温煦、谢小菲，等	中国学校卫生	2012—05	7
22	量表、信度和效度	储文杰、王志勇、周海茸，等	中华疾病控制杂志（CSCD）	2014—11	6
23	女生、体质	朱为、包萍	南京体育学院学报（自然科学版）	2012—12	6
24	校内、干预、综述	汪霖之、司琦	浙江体育科学	2014—05	5

第三阶段对于国外借鉴、身体活动影响因素方面的研究更加深入，文献来源主要为体育学的核心期刊和体育学博士论文，其中6篇出自《体育科学》和《中国运动医学杂志》这两大体育学的权威期刊，足可见青少年身体活动相关研究愈来愈得到我国体育学界学者的重视（表1-3）。

表1-3　2015—2019年青少年身体活动相关研究高被引论文

序号	主题	作者	来源	时间	被引
1	问卷、修订、效度	李新、王艳、李晓彤、等	北京体育大学学报（CSSCI）	2015—05	15
2	西方、述评、社会生态学视角	韩慧、郑家鲲	体育科学（CSSCI）	2016—05	14
3	国际发展趋势、热点解析、流行病学视角	郭强、汪晓赞	体育科学（CSSCI）	2015—07	13
4	现状、相关影响因素	李培红、王梅	中国学校卫生	2016—06	13
5	活力健康儿童全球联盟、评价	张加林、唐炎、陈佩杰、等	体育科学（CSSCI）	2017—01	10
6	加拿大、评价、检验与启示	张加林、唐炎、胡月英	体育科学（CSSCI）	2015—09	9
7	人类发展指数、国际比较	张加林、唐炎、胡月英、等	体育科学（CSSCI）	2016—01	9
8	美国《国民体力活动计划》及其2014年儿童青少年体力活动工作报告、解析与启示	吴霞、陈佩杰、何晓龙、等	中国运动医学杂志（CSCD）	2015—04	9
9	影响因素	郭强	华东师范大学博士论文	2016—11	7
10	建成环境因素影响	何晓龙	上海体育学院博士论文	2015—06	7
11	校内、影响因素	司琦、苏传令、Kim Jeongsu	首都体育学院学报（CSSCI）	2015—07	5
12	GPS、加速度计、空间特征	全明辉、何晓龙、苏云云、等	体育与科学（CSSCI）	2017—01	5
13	建成环境因素、GIS、测量	何晓龙、庄洁、朱政、等	体育与科学（CSSCI）	2017—01	5

总的来说，在三个阶段中，《体育科学》杂志的高被引论文刊文数量排在所有期刊的首位，除了有体育学的期刊，还出现了医学、教育学和心理学类期刊，在一定程度上说明青少年身体活动研究已逐渐成为体育学、医学、教育学和心理学交叉研究内容。研究机构主要分布在华东地区的几所高等学校，如上海体育学院和华东师范大学。以上海体育学院陈佩杰为核心的研究团队占据着该研究领域的重要地位，三个阶段的高被引论文发文量为20篇。综合以上三个阶段，国内关于青少年身体活动的研究主要体现在以下几个方面：

1. 青少年身体活动现状研究

对青少年身体活动现状进行调查是发现其存在问题的基础。北京大学儿童青少年卫生研究所所长马军领导的团队是青少年身体活动现状调查研究的主力军，马军多次作为主要成员参与中国学生体质与健康调研工作，在青少年体质健康和身体活动现状调查领域有绝对的话语权。马军团队经过调查发现，由于现代社会的发展以及学习任务的加重，青少年进行身体活动的时间越来越少，每天平均户外时间低于1小时，平均每天步行和骑行的时间不足20分钟，而乘坐交通工具、看电视、使用计算机、做作业等静态时间不断增加，平均每天做作业的时间超过2小时、使用计算机和电视的时间超过1小时，身体活动时间明显少于静态时间[1][2]。不同地区的青少年身体活动存在差异，经济发展水平高的地区，身体活动的时间和强度均高于其他地区。肥胖的发生与基因和环境因素有关，且两个因素存在交互作用，抓住环境因素的可控性这一环节，可有效预防青少年肥胖[3]。李培红、王梅对我国6～19岁的儿童青少年身体活动的现状进行了描述和分析，结果显示：身体活动的强度不够是儿童青少年群体存在的普遍问题，仅8.9%的儿童青少年达到了国际身体活动指南推荐量，与发达国家相比差距明显，低于约为20%的国际平均达

① 马军. 关注儿童青少年身体活动不足增强其身体素质 [J]. 中国儿童保健杂志，2014，22（11）：1121–1123.

② 张世伟，马军，宋逸，等. 北京亚运村及周边地区中学生日常体力活动现状分析 [J]. 中国学校卫生，2008（7）：594–595.

③ 马军，吴双胜，李百惠，等. 五个城市不同营养状况中小学生体力活动现状调查 [J]. 中国学校卫生，2009，30（3）：214–217.

标率。男生的身体活动水平高于女生，乡村儿童青少年的身体活动水平要略高于城市儿童青少年[①]。李海燕、陈佩杰、庄洁运用修订版的CLASS-C问卷对上海市的1378名青少年身体活动状况进行调查，并指出每天闲暇静态活动时间超过2小时的人群中超重和肥胖的发生率显著提高，女生身体活动的活跃度低于男生，16～17岁的高中生大强度的身体活动水平显著下降[②]。

2. 青少年身体活动影响因素研究

识别哪些因素可以对青少年身体活动水平产生影响是青少年身体活动研究的重要内容，也是对青少年身体活动行为进行预测和干预的前提，学者们对此进行了不同视角的研究。第一，建成环境对青少年身体活动的影响。陈佩杰、何晓龙研究团队认为，儿童青少年居住环境附近的运动设施、运动场地密度和街道交叉路口密度的增加有利于儿童青少年身体活动水平的提高[③]，然而城市蔓延中存在许多不合理的环境变迁（比如，城市扩张使学生上下学的通勤距离极度增加，使学生不得不依赖现代交通工具）越来越不利于儿童青少年日常身体活动的开展[④]。第二，青少年个体对身体活动的影响。自我效能可以有效地促进青少年身体活动，而参与身体活动又可以显著增加自我效能，两者相互促进[⑤]。第三，父母对青少年身体活动的影响。郑育滨、温煦等的研究认为，父母经济上和精神上的支持以及"榜样效应"是影响子女身体活动的因素，相较于父母民主型的教养方式，专制型和放任型的教养方式容易导致青少年身体活动不足[⑥]。第四，对青少年身体活动的整体影响因素进行考量。戈莎将青少年身体活动的影响因素分为环境影响因素、社会文化影响因素、心理影响因素和生理影响因素四类，并从个体、家庭、组织、环境、政策五个层面构建了青少

[①] 李培红，王梅.中国儿童青少年身体活动现状及相关影响因素［J］.中国学校卫生，2016，37（6）：805-809，813.

[②] 李海燕，陈佩杰，庄洁.上海市青少年体力活动现状与体质健康相关性研究［J］.上海预防医学，2011，23（4）：145-149.

[③] 何晓龙，庄洁，朱政，等.影响儿童青少年中高强度体力活动的建成环境因素——基于GIS客观测量的研究［J］.体育与科学，2017，38（1）：101-110，51.

[④] 何晓龙，陈佩杰，庄洁，等.城市蔓延影响青少年体力活动研究的地理信息指标分析［J］.体育科学，2013，33（3）：38-48.

[⑤] 司琦，苏传令，Kim Jeongsu.青少年校内闲暇时间身体活动影响因素研究［J］.首都体育学院学报，2015，27（4）：341-345.

[⑥] 郑育滨，温煦，谢小菲，等.青少年身体活动水平与父母教养方式关系［J］.中国学校卫生，2012，33（5）：586-588.

年体质健康生态学模型[1]。郭强对我国儿童青少年身体活动水平的影响因素进行了结构方程模型研究，他指出运动益处的认知、日常久坐行为、家长支持是影响儿童青少年身体活动水平最为稳定和主要的因素[2]。

3. 青少年身体活动测量研究

如何对青少年身体活动水平进行准确的测量一直是困扰研究者们的难题。随着科学技术的不断进步，对身体活动的测量经历了直接观察、问卷/量表、可穿戴设备的转变，也就是从主观性到客观性的转变。李海燕等[3]、储文杰等[4]采用CLASS−C、IPQA、PAQ−A等国际上广泛使用的问卷/量表对青少年身体活动水平进行测量。有些学者还结合我国青少年的实际情况对这些问卷/量表进行了相应的修订。但是青少年的身体活动行为具有无规律性，这就导致问卷/量表这种回顾型的方法对青少年身体活动的测量会产生一定的误差[5]。张子龙、马军等使用Cortex便携式气体代谢仪分析了北京市61名儿童青少年的身体活动能量消耗情况[6]。李海燕等运用SWA运动传感器对上海市的中学生进行身体活动能量消耗的测量，并指出SWA运动传感器具有较好的可靠性和客观性[7]。关尚一等[8][9]、洪俊睿等[10]、王超[11]在对青少年身体活动的研究中采用的均

---

①戈莎. 生态因素对我国城市青少年身体活动行为影响的研究［D］. 北京：北京体育大学，2012.

②郭强. 中国儿童青少年身体活动水平及其影响因素的研究［D］. 上海：华东师范大学，2016.

③李海燕，庄洁，陈佩杰. 上海市11～16岁青少年体力活动能量消耗参考值研究［J］. 中国运动医学杂志，2013，32（1）：14–19.

④储文杰，王志勇，周海茸，等. 儿童青少年体力活动量表的信度和效度分析［J］. 中华疾病控制杂志，2014，18（11）：1079–1082.

⑤Welk GJ，Corbin CB，Dale D. Measurement issues in the assessment of physical activity in children［J］. Res Q Exerc Sport，2000，71（2 Suppl）：S59–73.

⑥张子龙，马军，王海俊，等. 北京市7～14岁儿童青少年身体活动能量消耗状况［J］. 中国学校卫生，2013，34（5）：547–550，553.

⑦李海燕，陈佩杰，庄洁. 运动传感器（SWA）在测量青少年日常体力活动水平中的应用［J］. 上海体育学院学报，2010，34（3）：46–48.

⑧关尚一，朱为模. 身体活动与青少年代谢综合征风险的"剂量—效应"关系［J］. 西安体育学院学报，2013，30（2）：211–216.

⑨关尚一，朱为模. 身体活动与青少年肥胖风险的"剂量—效应"关系［J］. 上海体育学院学报，2013，37（4）：68–72.

⑩洪俊睿，袁琼嘉，王涛，等. Acti Graph传感器在青少年体力活动能量消耗测试中的应用［J］. 上海体育学院学报，2013，37（3）：64–65，88.

⑪王超. 中国儿童青少年日常体力活动推荐量研究［D］. 上海：上海体育学院，2013.

是加速度计ActiGraph传感器，该传感器被证实能捕捉青少年复杂多变的身体活动。何晓龙、全明辉等将ActiGraph传感器与地理信息系统（GIS）[①]、全球定位系统（GPS）[②]相结合探讨影响儿童青少年身体活动的空间特征，为身体活动测量提供了新的思路。但这些客观性测量工具也具有缺点，那就是无法解释各种不同类型身体活动的健康效益和影响因素的差异性。因此，郭强[③]、李新等[④]将问卷调查和运动传感器一同用于测量，可以从主观和客观的不同角度去考察青少年身体活动的动态变化。

4. 国外借鉴研究

国外对身体活动的研究开展较早，美国、加拿大等西方国家在青少年身体活动促进研究领域呈现出良好的发展态势，因此国外借鉴及对我国的启示相关研究占有很大的比例。其中，熊明生、周宗奎对国外青少年身体活动和运动动机的研究进行了梳理，国外研究的内容主要是影响青少年运动动机的变量以及运动动机的结构等，认为我国应该在研究问题的选取和研究方法的创新方面向国外学习和借鉴[⑤]。于海峰等分析了国外青少年身体活动动机研究的相关理论，即胜任感动机理论、目标定向理论、自我决策理论、自我效能理论，结合这些理论提出在我国青少年体育教学中应着重培养学生胜任力、努力营造积极的课堂氛围、重视青少年的自主选择、引导青少年自我调节[⑥]。李红娟对美国青少年体质测试和身体活动促进的历史、现状和发展趋势进行了研究，指出美国青少年体质健康研究的重点已从单纯的大规模体质健康测试向以身体活动为核心的生活方式干预转变，在促进青少年身体活动的实践中制定了儿童青少年身体活动指南，并基于社会生态学模型提出了青少年身体活动促进模型，通过制定国民身体活动计划的教育分支行动计划来促进学生身体活动水平

①何晓龙，庄洁，朱政，等.影响儿童青少年中高强度体力活动的建成环境因素——基于GIS客观测量的研究［J］.体育与科学，2017，38（1）：101-110，51.

②全明辉，何晓龙，苏云云，等.基于GPS与加速度计的儿童青少年体力活动空间特征追踪研究［J］.体育与科学，2017，38（1）：111-120.

③郭强.中国儿童青少年身体活动水平及其影响因素的研究［D］.上海：华东师范大学，2016.

④李新，王艳，李晓彤，等.青少年体力活动问卷（PAQ-A）中文版的修订及信效度研究［J］.北京体育大学学报，2015，38（5）：63-67.

⑤熊明生，周宗奎.国外儿童青少年身体活动与运动动机研究述评［J］.武汉体育学院学报，2008（1）：62-67.

⑥于海峰，杨兆山，盖笑松.美国青少年休闲性身体活动教育研究及其启示［J］.外国教育研究，2008，35（12）：55-58.

提高[1]。吴薇、陈佩杰等对美国2014年儿童青少年身体活动工作报告和《国民体力活动计划》进行了解读，结合美国的经验，他们提出：提高学生的身体活动水平需要各部门统一目标、发挥合力，制定详细的指南和量化指标，使宣传方式多样化，增加校外的身体活动机会[2]。张加林、唐炎等介绍了加拿大儿童青少年身体活动评价的经验，提出改善学生的体质健康状况需要全社会的共同努力[3]。郭强、汪晓赞从流行病学的视角对国际儿童青少年身体活动研究的前沿、热点进行了解析，他们认为：从流行病学的角度可以更加深入地探索儿童青少年的身体活动影响因素，其已逐渐得到国际上众多学者的认可[4]。近年来，西方国家学者将社会生态学融入青少年身体活动促进研究领域，取得了丰硕的研究成果。韩慧、郑家鲲基于社会生态学的研究视角，从个体因素、人际因素、机构因素、社区因素、政策因素五个向度对西方青少年身体活动相关研究进行了梳理[5]。张加林、唐炎等以国际比较研究的重要依据——人类发展指数为切入点，对中国、美国、英国、芬兰、加拿大、澳大利亚、南非和肯尼亚八个国家的儿童青少年身体活动进行了比较，研究结果显示，从人类发展指数出发，可以使人们从宏观的角度去理解人类发展与儿童青少年身体活动之间的关系[6]。这一系列研究表明，西方发达国家越来越注重运用交叉学科的研究视角对青少年身体活动进行研究。

5. 青少年身体活动与健康关系的研究

前人的研究显示，青少年身体活动水平的提高可以有效减少疾病风险。邓士琳和杜玉开对134名绝经后的骨质疏松症患者青少年时期的身体活动情况进行调查，他们认为青少年时期的身体活动可以减少女性绝经后骨质疏松症的

---

[1]李红娟. 美国青少年体质研究趋势——体质测定到体力活动促进［J］. 北京体育大学学报，2015，38（8）：65-71.

[2]吴薇，陈佩杰，何晓龙. 美国《国民体力活动计划》及其2014年儿童青少年体力活动工作报告解析与启示［J］. 中国运动医学杂志，2015，34（4）：420-424.

[3]张加林，唐炎，胡月英. 加拿大儿童、青少年身体活动评价的经验与启示［J］. 体育科学，2015，35（9）：90-96.

[4]郭强，汪晓赞. 儿童青少年身体活动研究的国际发展趋势与热点解析——基于流行病学的视角［J］. 体育科学，2015，35（7）：58-73.

[5]韩慧，郑家鲲. 西方国家青少年体力活动相关研究述评——基于社会生态学视角的分析［J］. 体育科学，2016，36（5）：62-70，77.

[6]张加林，唐炎，胡月英，等. 基于人类发展指数的儿童青少年身体活动国际比较［J］. 体育科学，2016，36（1）：3-11.

发病风险①。邹志春、陈佩杰对青少年身体活动与心血管疾病的关系进行了全面的文献综述，结果显示，身体活动干预是提高青少年体质的重要途径②。朱红等对天津市1824名儿童青少年进行了身体活动、代谢指标等的调查和测定，研究发现，超重和肥胖儿童青少年的身体活动能量消耗要低于正常体重的儿童青少年，户外身体活动的不足与向心性肥胖有关③。关尚一、朱为模研究团队认为青少年身体活动水平与代谢综合征、肥胖等心血管代谢健康风险存在"剂量—效应"关系④⑤⑥。

（二）国外青少年身体活动研究现状、前沿及发展态势

现代社会是信息化社会，信息资源呈几何级数增长，知识更迭速度越来越快。相应地，各领域的也是方兴未艾，每时每刻都有新的科学研究成果涌现出来。追踪各领域的最新进展具有十分重要的科研意义，一直备受学者们的关注。在以往各领域研究进展的文献中，一般采用的是传统的综述研究方法，这种方法重主观判断、定性分析，而缺少客观、定量的分析。运用传统的方法已经越来越难捕捉到学科发展的最新态势。文献计量学是利用统计学相关理论，通过数据描述现状和预测趋势的图书情报学方法，用于总结文献的特点与发展规律。知识图谱是一种探测前沿知识的文献计量技术，起源于20世纪90年代，其研究对象为科学知识，是显示科学知识演进发展与结构关系的一种可视化图谱。它可以用可视化技术将该领域发展的脉络、经典文献、知名作者、科研团队、研究前沿、热点等展示出来。本研究以CiteSpaceV

---

① 邓士琳，杜玉开.青少年时期体力活动对绝经后骨质疏松症发生的影响［J］.中国妇幼保健，2008（33）：4773-4775.

② 邹志春，陈佩杰.青少年体质、体力活动与心血管疾病发生风险之关系［J］.上海体育学院学报，2010，34（6）：50-54.

③ 朱红，张欣，刘新民，等.儿童青少年体力活动特征及其对生长发育和代谢指标的影响［J］.中国校医，2011，25（12）：893-894.

④ 关尚一，朱为模.身体活动与青少年肥胖风险的"剂量—效应"关系［J］.上海体育学院学报，2013，37（4）：68-72.

⑤ 关尚一，朱为模.身体活动与青少年代谢综合征风险的"剂量—效应"关系［J］.西安体育学院学报，2013，30（2）：211-216.

⑥ 关尚一，李良鸣，廖八根，等.体力活动与青少年心血管代谢健康风险的"剂量—效应"关系研究进展［J］.广州体育学院学报，2012，32（2）：100-105，128.

软件为研究工具，试图探索国外青少年身体活动的研究前沿与演进脉络。

本研究利用美国情报科学研究所（ISI）的科学网（WoS）核心集合数据库（包括SCI-E、SSCI、A&HCI），以"身体活动（physical、activity），运动（exercise、sport），体育（physical education），青少年［adolescent、teenager、juvenile、youngster（s）、young adult（s）、teenager、youth］，学生（student）"为检索词进行精确检索，语种设置为"英语"，文献类型设置为"文章""综述"，检索日期为2020年4月1日，时间跨度为1991—2020年，共检索到满足要求、符合研究主题的文献2620篇，发文量时间分布如图1-1所示。1991—2020年国外青少年身体活动研究发文量整体上呈现出波浪上升的趋势。文献增长规律基本符合普莱斯曲线（Place's curve，由美国科技史学家普莱斯提出的，该理论认为学术文献应按指数规律增长），简言之，就是随着学术文献的增多，该研究领域的关注度会增加，科学知识量也会增长，说明青少年身体活动领域的相关研究正保持着良好的发展态势。

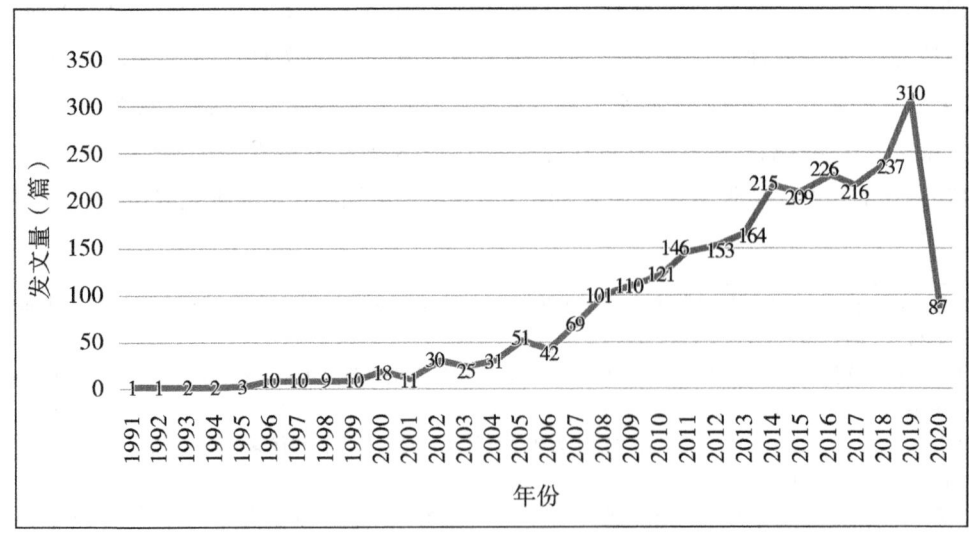

图1-1　发文量时间分布图

1. 发文国家（地区）、机构、高产作者分析

通过对发文国家（地区）的分析可以把握青少年身体活动研究领域的科研力量分布。1991—2020年共有43个国家和地区的研究人员进行了青少年身体活动的相关研究，表1-4列出了该研究领域发文量前十位的国家和地区，其中北美洲2个、欧洲6个、大洋洲1个、南美洲1个。图1-2中，每一个网络节点代表了一个国家（地区），节点越大，表明该国（地区）的科研产量越高，关键的节点用紫色外圈标注，代表该节点有重要影响力。网络连线的粗细程度代表了各国（地区）间的合作强度，连线越粗，合作越紧密。从中心性来看，中心性最高的前三个国家和地区为美国、英格兰、澳大利亚，说明这三个地方在青少年身体活动研究领域处于核心地位。发文量最多的国家同样是美国，与排在第二位的加拿大相比，发文量约为加拿大的三倍。排在第三位的是澳大利亚，发文量为283篇。中国的发文量排在第15位，达到72篇，与上述国家（地区）相比还存在一定的差距。主要原因为中国在青少年身体活动研究领域的起步较晚，2003年才开始发文，且2013年以前主要是参与其他国家学者的研究合作发文。但值得肯定的是，我国最近几年在该领域的研究进步明显，发文量显著提升。

表1-4 发文国家（地区）分布表（前10位）

排序	发文数量（篇）	中心性	国家（地区）
1	1099	0.3	美国（USA）
2	315	0.04	加拿大（Canada）
3	283	0.25	澳大利亚（Australia）
4	254	0.28	英格兰（England）
5	183	0.03	西班牙（Spain）
6	122	0.03	葡萄牙（Portugal）
7	120	0.12	瑞典（Sweden）
8	105	0.03	挪威（Norway）
9	93	0.07	巴西（Brazil）
10	92	0.04	荷兰（Netherlands）

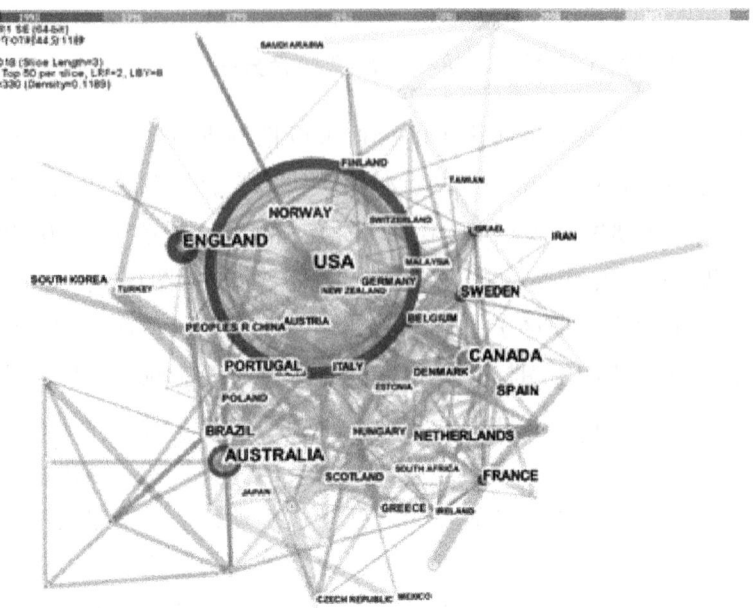

图1-2　发文国家（地区）分布图

　　发文机构分析是对发文国家（地区）分析的进一步细化，可更加清晰地反映该领域的重要研究机构，为该领域其他学者提供学术交流、学术合作方面的参考。表1-5列举了青少年身体活动研究领域的十大科研机构。

表1-5　发文机构分布表（前10位）

排序	发文数量（篇）	中心性	机构	机构中文名
1	104	0.08	UNIVERSITY OF SOUTH CAROLINA	南卡罗莱纳大学（美国）
2	90	0.07	UNIVERSITY OF NORTH CAROLINA	北卡罗莱纳大学（美国）
3	73	0.07	UNIVERSITY OF MINNESOTA	明尼苏达大学（美国）
4	71	0.04	UNIVERSIDADE DO PORTO	波尔图大学（葡萄牙）
5	70	0.04	UNIVERSITY OF ZARAGOZA	萨拉戈萨大学（西班牙）
6	65	0.03	KAROLINSKA INSTITUTET	卡罗林斯卡学院（瑞典）
7	65	0.07	SAN DIEGO STATE UNIVERSITY	圣地亚哥州立大学（美国）
8	63	0.04	UNIVERSITY OF GRANADA	格拉纳达大学（西班牙）
9	57	0.05	UNIVERSITY OF TORONTO	多伦多大学（加拿大）
10	50	0.1	THE UNIVERSITY OF SYDNEY	悉尼大学（澳大利亚）

　　发文机构的分布基本与发文国家（地区）的分布一致。前十位的发文机构均为世界一流的大学，9所综合性大学，1所单科性学院，瑞典的卡罗林斯卡学院虽为单科性学院，但却是世界顶尖的医学院，诺贝尔医学奖就由该学院负责评选。美国在该领域优势明显，达到4所。澳大利亚第一学府——悉尼大学虽发文量排在第十位，但中心性高达0.1，说明悉尼大学的发文影响力较大。值得注意的是，我国上海体育学院发文量为14篇，排在亚洲第一位，这也与上海体育学院在国内该领域的核心地位相印证。研究主要出自陈佩杰研究团队，研究对象主要是中国的青少年人群。

　　科学研究的主体往往是科研论文的撰写者。一个研究领域学者的合作状况可以看成这一领域科研活动的缩影。对科研论文作者以及他们的合作网络进行研究，可以很好地把握某一领域学科发展的最新动向。由图1-3可知，青少年身体活动研究领域形成了以莫塔J、埃克隆U、佩特RR、鲁伊斯JR、萨利斯JF、安德森LB、索斯特罗姆M、莫雷诺LA等人为重要节点的大规模集群网络，高产作者之间有着密切的学术合作，高产作者起着重要的枢纽作用，以这些高产作者为基点联系起各个研究机构的学者，合作、共享、共赢已经成为青少年身体活动研究领域的主旋律，形成了良好的国际化、集群化的学术氛围。高产作者与高产机构之间同样存在一致性。莫塔J发文56篇，来自葡萄牙的波尔图大学；佩特RR发文51篇，来自美国的南卡罗莱纳大学；鲁伊斯JR发文46篇，来自西班牙的格拉纳达大学；萨利斯JF发文43篇，来自美国的圣地亚哥州立大学；索斯特罗姆M发文40篇，来自瑞典的卡罗林斯卡学院；莫雷诺LA发文38篇，来自西班牙的萨拉戈萨大学。中国的高产作者为上海体育学院的庄洁，发文量为7篇。但从数据分析的结果来看，我国学者发文的整体中心性都很低，国际化合作水平也较低。从图1-3可以清晰发现，节点越大，网络连线越密集，说明作者的高产与国际合作的紧密程度呈正相关。这也为我国该领域的学者提供了一些借鉴：随着现代科学技术的不断发展以及全球化进程的不断加快，"单打独斗""闭门造车"的科学研究已难以与当今社会相适应。我国学者应搭建更多的科研协作平台，注重科研团队的培育；各院校、各研究机构应继续加强科研合作的深度与广度，特别是跨国、跨学科的合作更应值得重视；知名的专家应起到关键的桥梁作用，将各个研究群体串联起来。

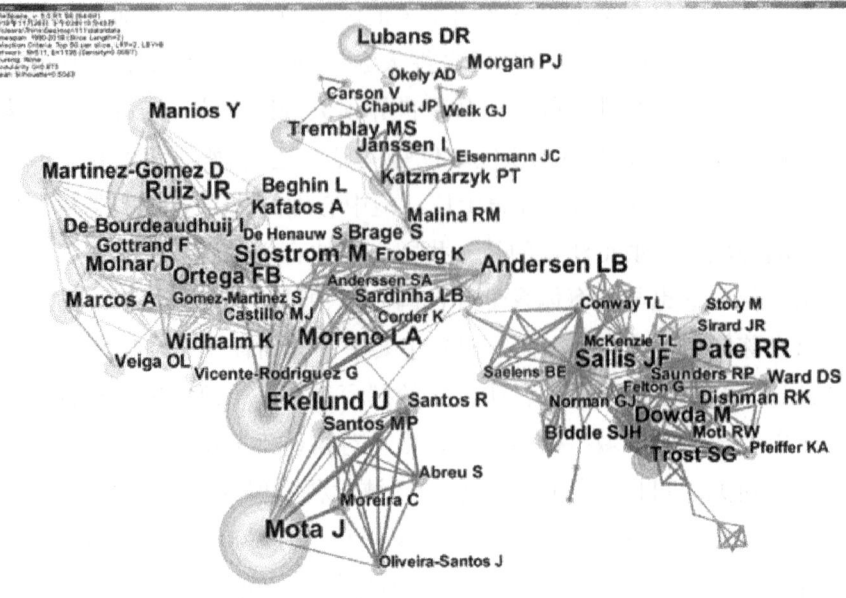

图1-3　作者合作图谱

2.青少年身体活动研究主要学科的计量学分析

在CiteSpaceV的参数设置区，将"节点类型（Node Types）"设置为"类别（Category）"，运行软件，得到图1-4。

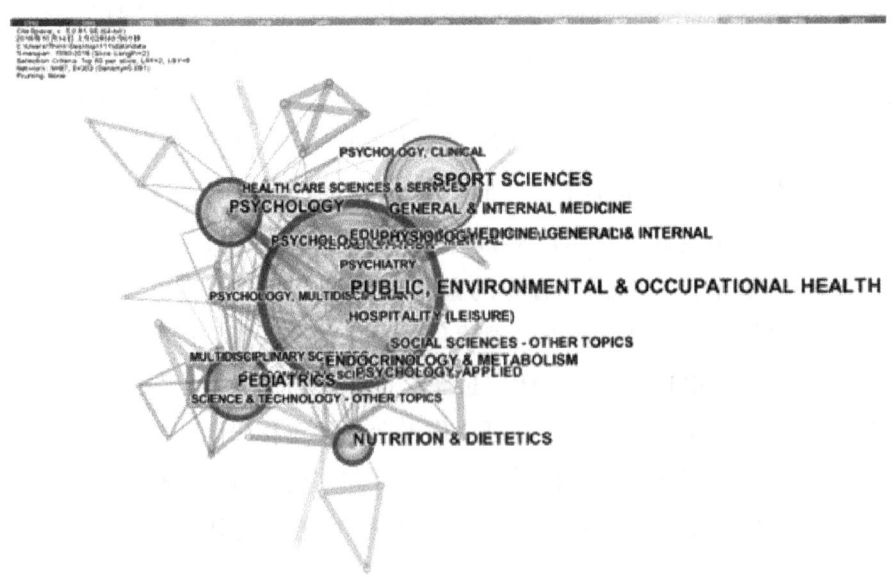

图1-4　青少年身体活动研究学科组成可视化图谱

青少年身体活动是一个跨学科交叉融合的研究领域。由图可知，青少年身体活动的研究除了涉及体育科学（Sport Sciences）之外，还涉及公共卫生学（Public Health）、儿科学（Pediatrics）、心理学（Psychology）、营养学（Dietetics）、生理学（Physiology）、教育学（Education）、社会学（Social Sciences）、环境学和生态学（Environmental Sciences & Ecology）等学科。中心性最高的三个学科为公共卫生学（0.47）、心理学（0.35）、儿科学（0.22）。不同属性的学科为青少年身体活动的研究提供了丰富的理论基础、全方位的研究视角以及多元化的研究方法。

3. 青少年身体活动研究热点分析

关键词是一篇学术文献的浓缩与精华。对某一个研究领域的学术文献进行分析与研究时，出现频率较高的关键词常常被认为是这一研究领域的热点。CiteSpaceV的基本原理就是统计相关领域论文的关键词频率，运用聚类功能分析研究前沿与研究热点。每一个节点代表一个高频词汇：频次越高，字体越大，节点也越大；而连线则反映热点与热点之间的关系：连线的粗细代表着关键词之间相关关系的强弱，连线的不同颜色代表着不同的时间区间。除了关键词的频次以外，CiteSpaceV还选用了社会网络中的中心性（Centrality）这一关键指标来评价研究网络中节点的位置和重要性。

将CiteSpaceV参数设置区的"节点类型（Node Types）"设置为"关键词（Keyword）"，阈值设置为默认状态。经过软件分析后，绘制出青少年身体活动研究热点图谱（图1-5）。

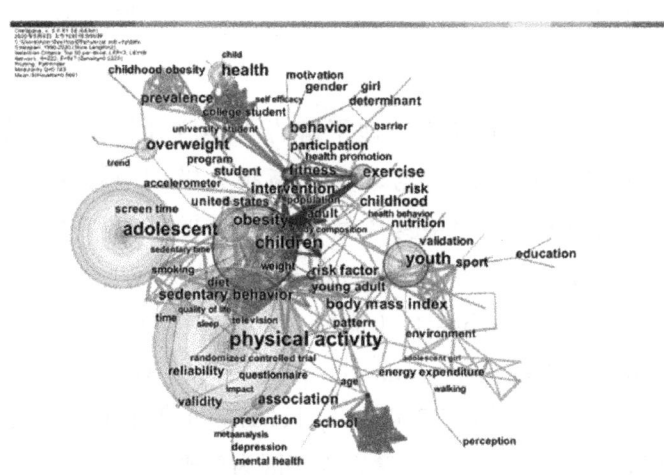

图1-5 青少年身体活动研究热点图谱

CiteSpaceV完成图谱绘制后，需要将意思相近或相同的关键词进行合并处理，并进行整合汇总，统计各个关键词的频次、中心性。比如，"adolescent""youth""young adult"等关键词表达的都是"青少年"的意思，因此要将这些词合并，最后得到"青少年（adolescent）"这一关键词的频次为1826次。规范合并后得到表1-6。

表1-6 青少年身体活动研究高频和高中心性关键词（前15位）

排名	高频关键词		高中心性关键词	
	关键词	频次	关键词	中心性值
1	青少年（Adolescent）	1826	青少年（Adolescent）	0.25
2	儿童（Children）	1406	儿童（Children）	0.17
3	身体活动（Physical activity）	1010	风险因素（Risk factor）	0.16
4	锻炼（Exercise）	707	身体活动（Physical activity）	0.14
5	健康（Health）	614	年龄（Age）	0.14
6	肥胖（Obesity）	608	肥胖（Obesity）	0.13
7	超重（Overweight）	397	锻炼（Exercise）	0.09
8	行为（Behavior）	346	健身（Fitness）	0.09
9	健身（Fitness）	310	问卷（Questionnaire）	0.09
10	加速度计（Accelerometer）	308	参与（Participation）	0.08
11	久坐行为（Sedentary behavior）	264	青春期（Adolescence）	0.08
12	有效性（Validity）	232	行为（Behavior）	0.08
13	女孩（Girl）	231	决定因素（Determinant）	0.08
14	儿童时期（Childhood）	229	儿童时期（Childhood）	0.07
15	BMI（Body mass index）	229	流行病学（Epidemiology）	0.06

结合图1-5和表1-6可以清楚地了解青少年身体活动研究领域频次和中心性较高的重要热点关键词与聚类，高频关键词与高中心性关键词具有较强的集中性，说明青少年身体活动研究主题较为集中。除了检索词青少年（Adolescent）、身体活动（Physical activity），研究热点主要分布在儿童（Children）、Obesity（肥胖）、超重（Overweight）、风险因素（Risk factor）、锻炼（Exercise）、加速度计（Accelerometer）、问卷（Questionnaire）、久坐行为（Sedentary behavior）等方面。纵观近三十年青少年身体活动研究领域的文献，儿童青少年因为久坐行为增加和身体活动不足

导致的肥胖、超重、心血管疾病风险、近视等多种健康问题，引起了运动医学界学者的高度重视和广泛关注。其研究前沿正是由这些高频关键词和高中心性关键词逐渐聚类形成的。

为了进一步揭示青少年身体活动研究热点随着时间发展而演变的情况，对研究热点进行时区可视化分析，可以描绘青少年身体活动研究的发展趋势。通过CiteSpaceV对青少年身体活动研究的关键词进行"time zone"时区可视化（图1-6），以直观的形式展现时间的发展与青少年身体活动研究热点脉络的变化关系。

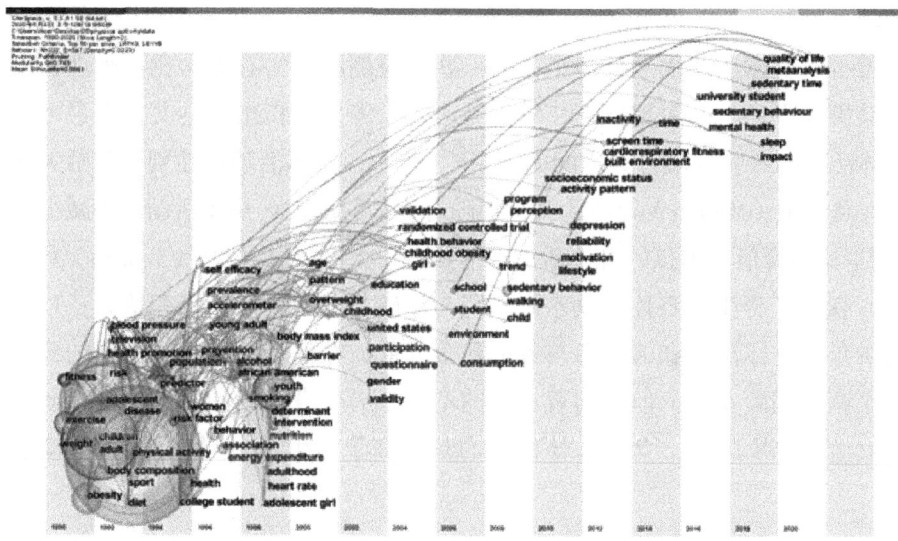

图1-6　青少年身体活动研究热点时区可视化图谱

由图1-6可以十分明显地发现青少年身体活动研究热点的发展轨迹。第一阶段（1991—2005年）为缓慢起步期，高被引关键词和高中心性关键词有风险因素（Risk factor）、决定因素（Determinant）、问卷（Questionnaire）、加速度计（Accelerometer）、行为（Behavior）、肥胖（Obesity）、超重（Overweight）、干预（Intervention）。这一阶段的研究重点有如下四个方面：第一，肥胖、超重与身体活动关系的研究。麦克马斯特大学的巴罗（Baror）认为许多肥胖的儿童青少年成年后依然肥胖，肥胖的儿童青少年比其他同龄人拥有更长时间的久坐行为，提高身体活动水平是预防和治疗儿童青少年肥胖的基石①。圣地亚哥州立大学的马歇尔（Marshall）等对屏前娱乐与肥胖、身体活动之间的关联证据进行了研究，结果显示：儿童青少年屏前娱乐与肥胖之间存在统计学上的显著关系，屏前娱乐和身体活动之间的关联较小，但却是消极的②。第二，青少年身体活动的影响因素研究。韦尔克（Welk）基于社会生态学理论，结合青少年身心发展的特点，构建了"青少年身体活动促进模型"（Youth Physical Activity Promotion Model），该模型通过个体、社会和环境等多方面来探讨青少年身体活动行为的影响因素③。北卡罗来纳大学的戈登拉森（Gordonlarsen）等运用问卷调查的方法对17766名美国青少年身体活动和身体活动不足的决定因素进行了研究，结果显示：青少年身体活动与环境因素相关，而身体活动不足与社会人口因素有关④。南卡罗莱纳大学的佩特（Pate）等的研究认为：青少年身体活动水平低与个人的一些消极健康行为有关，比如吸烟、水果和蔬菜摄入少、学习表现低下、看电视时间长等，并指出社会文化因素可能影响身体活动与一些健康行为之间的关系⑤。第三，身体活动与性别、年龄关系的研究。莫尔纳（Molnar）等认为青少年随着年龄的增长，身体活动逐渐减少，在13~14岁达到峰值，男孩的身体活动水平要高于女孩⑥。特拉马（Telama）和杨（Yang）探讨了青少年身体活动水平下降与年龄之间的关系，研究认为：12岁以后青少年的身体活动和体育参与频率显著降低，在低年龄组中，男生的身体活动水平高于同龄女生，但是随着年龄的增长，男生身体活动水平的下降幅度要大于女生，15岁以后，女生身体活动的频率高于男生⑦。第四，身体活动能

①Baror O. Juvenile obesity, physical activity, and lifestyle changes: cornerstones for prevention and management [J]. The Physician & Sportsmedicine, 2000, 28（11）: 51-58.

②Marshall SJ, Biddle SJH, Gorely T, et al. Relationships between media use, body fatness and physical activity in children and youth: a meta-analysis [J]. International Journal of Obesity, 2004, 28（10）: 1238-1246.

③Gregory J. Welk. The Youth Physical Activity Promotion Model: A Conceptual Bridge Between Theory and Practice [J]. Quest, 1999, 51（1）: 5-23.

④Gordonlarsen P, Mcmurray R G, Popkin B M. Determinants of adolescent physical activity and inactivity patterns [J]. Pediatrics, 2000, 105（6）: E83.

⑤Pate RR, Heath GW, Dowda M, et al. Associations between Physical Activity and Other Health Behaviors in a Representative Sample of US Adolescents [J]. American Journal of Public Health, 1996, 86（11）: 1577-1581.

⑥Molnar D, Livingstone B. Physical activity in relation to overweight and obesity in children and adolescents [J]. European Journal of Pediatrics, 2000, 159（1）: S45-S55.

⑦Telama R, Yang X. Decline of physical activity from youth to young adulthood in Finland [J]. Med Sci Sports Exerc, 2000, 32（9）: 1617-1622.

量消耗测量与评价的研究。布里斯托大学的福克斯（Fox）的研究表明儿童青少年的身体活动受到了许多方面的威胁，如家长对儿童拐卖的恐惧、家庭越来越依赖汽车、学校体育课程的时间减少、屏前娱乐的吸引力越来越大，并梳理了测量身体活动的方法，即自我活动报告（Self-report estimates）、双标水法（Doubly-labelled-water）、运动传感器（Motion sensors）、心率遥测（Heart-rate telemetry），指出用自我活动报告这种方法来进行儿童青少年的身体活动水平测量是不可靠的，需要结合一些更为客观的测量方法，比如加速度计[1]。

第二阶段（2006—2020年）为高速发展期，该阶段较第一阶段文献数大幅增长，高被引关键词和中心性关键词有久坐行为（Sedentary behavior）、荟萃分析/元分析（Meta-analysis）、建成环境（Built environment）、社会支持（Social support）、政策（Policy）。第二阶段青少年身体活动研究领域的前沿热点明显发生了变化。其一，研究的重点进一步细化，特别是关于青少年身体活动促进影响因素的研究不断深入，实证研究的持续性与深入性不断增强；其二，加速度计、可穿戴运动传感器、双标水法、电子调查问卷、荟萃分析等方法的普及，促使青少年身体活动相关研究的准确度大大提高；其三，大样本数据的横断面研究逐步增多。具体表现在以下几个方面：首先，青少年身体活动循证研究。剑桥大学的皮尔森（Pearson）等采用荟萃分析的方法探究青少年久坐行为和身体活动之间的关系，荟萃分析结果表明：青少年久坐行为和身体活动之间的关联是负向的[2]。普格列西（Pugliese）等同样运用荟萃分析的方法对父母社会化行为与儿童青少年身体活动水平之间的关系进行了系统的梳理，结果显示：父母的支持和榜样行为与儿童青少年身体活动水平存在中等的正相关关系[3]。其次，建成环境对青少年身体活动的影响研究。罗德里格斯（Rodríguez）等将便携式GPS装置与加速度计相结合来探讨建成环境与青少年女性身体活动的关联，他们认为，在公园、学校和人口密度较大的地方，青少年女性中高强度身体活动水平较高[4]。弗洛伊德（Floyd）等的研究认为，居

①Fox K R, Riddoch C. Charting the physical activity patterns of contemporary children and adolescents [J]. Proceedings of the Nutrition Society, 2000, 59 (4): 497-504.

②Pearson N, Braithwaite R E, Biddle S J H, et al. Associations between sedentary behaviour and physical activity in children and adolescents: a meta-analysis [J]. Obesity Reviews, 2014, 15 (8): 666-675.

③Pugliese J, Tinsley B. Parental socialization of child and adolescent physical activity: a meta-analysis [J]. J Fam Psychol, 2007, 21 (3): 331-343.

④Rodríguez D A, Cho G H, Evenson K R, et al. Out and about: association of the built environment with physical activity behaviors of adolescent females [J]. Health & Place, 2012, 18 (1): 55-62.

住在公园旁的儿童青少年身体活动水平更高①。蒂姆佩里奥（Timperio）等利用加速度计结合地理信息系统（GIS）对497名儿童青少年的身体活动情况进行了研究，他们认为家附近有公共活动区域的儿童青少年身体活动水平较高，特别是家附近有运动场的儿童青少年显示出更高的身体活动水平，并提出未来的城市规划应该考虑儿童青少年适龄的运动设施和公共活动区域的设计，以促进儿童青少年进行身体活动②。最后，政策对身体活动的影响研究。麦科马克（McCormcck）等认为政策可以影响社会支持的程度、健康信息的传播以及建成环境的优化，政策中的身体活动指南和建议是指导普通群众科学进行身体活动的重要依据③。

4. 青少年身体活动研究文献共被引网络知识图谱分析

对某一研究领域的文献进行共被引分析，可以探寻这一领域的知识基础。为了揭示青少年身体活动研究文献的内在规律与联系，描绘青少年身体活动研究发展的动态结构，有必要对青少年身体活动研究文献进行文献共被引分析。把CiteSpaceV软件的参数设置面板中的"节点类型（Node Types）"设置为"引用文献（Cited Reference）"，"精简（Pruning）"勾选为"寻径（Pathfinder）"，运行CiteSpaceV软件，最终得到青少年身体活动研究文献共被引网络知识图谱（图1-7）。S值为0.5925，Q值为0.6262。平均轮廓值S和模块值Q是显示聚类信息与知识图谱结构是否合理的重要指标，当S值大于0.5，Q值大于0.3时，表示知识图谱是合理的。黑色名称对应的节点则表示青少年身体活动研究领域最具代表性的核心枢纽文献，这些关键文献节点显示了青少年身体活动研究前沿的发展轨迹。为了更清晰地识别图谱中的关键信息，对关键节点的文献信息进行了整理，如表1-7所示，并对节点的相关信息做进一步分析。

①Floyd M F, Bocarro J N, Smith W R, et al. Park-based physical activity among children and adolescents [J]. American Journal of Preventive Medicine, 2011, 41（3）: 258-265.

②Timperio A, Gilescorti B, Crawford D, et al. Features of public open spaces and physical activity among children: findings from the CLAN study [J]. Preventive Medicine, 2008, 47（5）: 514-518.

③McCormack GR, Shiell A. In search of causality: A systematic review of the relationship between the built environment and physical activity among adults [J]. International Journal of Behavioral Nutrition and Physical Activity, 2011, 8（1）: 125-125.

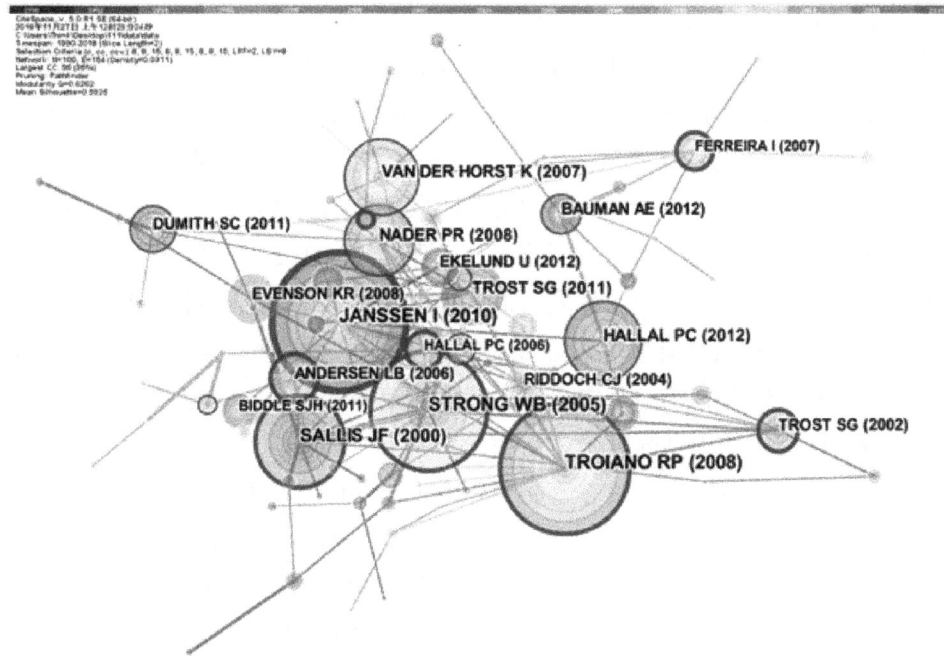

图1-7　青少年身体活动研究文献共被引网络知识图谱

表1-7　高频次共引文献

题　目	第一作者	时间（年）	被引（次）
学龄儿童和青少年身体活动和健身健康益处的系统综述	詹森	2010	1288
用加速度计测量美国的身体活动	特罗亚诺	2008	3314
学龄青少年基于证据的身体活动	斯特朗	2005	1926
儿童青少年身体活动相关性研究综述	萨利斯	2000	2304
全球身体活动水平：监测进展、困境和前景	哈拉尔	2012	1501
9～15岁青少年中高强度身体活动	纳德	2008	621
青少年身体活动与久坐的关系综述	霍斯特	2007	660
青年身体活动客观测量的年龄和性别差异	特罗斯特	2002	1020
身体活动的相关性：为什么有些人参加身体活动有些人不参加	鲍曼	2012	1450

研究向度一为青少年身体活动健康效益研究：詹森的文章对青少年身体活动的健康效益进行了系统综述，将纳入文献的标准设置了七个健康指标——高胆固醇血症、高血压、低骨密度、超重和肥胖、代谢综合征、抑郁、损伤，来探讨身体活动与健康之间的"剂量—效益"关系。研究表明：即使是适度的身

体活动也可以为高危青少年（高血压、肥胖等）带来极大的益处，中高强度身体活动（MVPA）的效果则更加理想。对于呼吸系统和心血管系统来说，有氧运动更加有益。在1周中至少进行2或3天的适度抗阻训练，对骨骼健康更有利。斯特朗等同样是运用系统综述的研究方法对青少年身体活动的健康效益进行研究，只是健康效益指标的选取有所不同——超重和肥胖、哮喘、心血管代谢性疾病（代谢综合征、高血压等）、心理健康（焦虑和抑郁等）、学习表现、损伤、肌肉力量和耐力、骨质。他们提出，青少年每周进行3～5次，每次30～40分钟的中等强度有氧练习才能有效地降低体脂含量，每周至少3次，每次30分钟的80%最大心率的身体活动才能有效地降低血压，并建议青少年每天进行不少于60分钟的中高强度身体活动。

　　研究向度二为不同年龄段、不同性别青少年身体活动差异性的研究：特罗亚诺运用加速度计对美国儿童、青少年、成人的身体活动进行了测量。结果显示：加速度计测量的数据与自我报告的主观测量数据基本一样；男性的身体活动水平普遍高于女性；在6～11岁的儿童中，42%达到了指南推荐的身体活动量（60分钟/天），而只有8%的青少年达到了这个目标，青春期的身体活动量急剧下降，16～19岁年龄段的青少年基本上没有高强度的身体活动。特罗斯特等同样采用加速度计对1～12年级学生的身体活动量进行测量，并探讨身体活动的年龄、性别差异。他们的研究对青春期身体活动水平下降这一观点进行了有力的支持。所有年级组中，男孩比女孩的身体活动更活跃。这项研究的结果突出了客观监测装置在儿童青少年身体活动测量研究中的效用。并指出在中等规模的人口水平监测研究中，加速度计是替代自我报告方法的可行方法。哈拉尔运用来自122个国家的成年人（15岁以上）和来自105个国家的青少年（13～15岁）的数据来描述世界范围内的身体活动水平。全球整体的身体活动情况不容乐观：31.1%的成年人缺乏身体活动，身体活动水平随着年龄的增长而下降，女性和高收入国家的这一趋势更加明显。13～15岁青少年每天中高强度身体活动时间少于60分钟的比例达到80.3%，男孩的身体活动比女孩更活跃。纳德的研究认为：在9岁这个年龄段，几乎所有的孩子都达到了指南推荐的身体活动量（每天不少于60分钟的MVPA），但在15岁时，工作日达到标准的只有31%，周末达到标准的仅17%，中高强度身体活动随年龄的增长急剧下降，中高强度身体活动水平与家庭收入、生活水平和环境因素有关。

　　研究向度三为青少年身体活动影响因素研究：霍斯特对青少年身体活动、

久坐行为的相关文献进行了梳理。指出青少年身体活动的影响因素有性别、父母身体活动水平、父母支持、父母受教育程度、自我效能、目标取向/动机、学校体育、朋友支持等。父母的影响、同伴的支持、学校体育教育以及在校体育活动时间的长短是影响青少年身体活动最重要的因素。青少年久坐行为与种族、社会经济地位和父母受教育程度有关。鲍曼构建了全生命周期的身体活动促进生态模型，模型结构显示：影响青少年身体活动的内部因素为个体的生理和心理因素，外部因素为政策、环境、社会支持等。

通过科学知识图谱的方法，对国外近三十年的青少年身体活动研究进行梳理，就目前国际上青少年身体活动的研究现状分析，此研究领域已经形成了特色鲜明的研究方向，综合来讲，主要是回答这四个问题：第一，青少年身体活动的影响因素是什么？第二，青少年需要什么类型的身体活动才能产生健康效益？第三，青少年适宜的身体活动量和强度是多少？第四，青少年身体活动的状况如何？同时，我们可以看出，国内和国外在该领域的研究各有侧重点，国外的研究主要体现在实践研究方面，科学技术的发展使身体活动的测量手段不断进步，研究重点不断深入、系统化。随着其他学科的不断渗透，青少年身体活动研究的视角呈现出多元化的趋势。

（三）国内外青少年身体活动生态相关研究现状

1. 国外青少年身体活动生态相关研究

生态学是研究生物体与其周围环境相互关系的科学[1]。行为学家发现，个体的行为与个体所处的环境密切相关，运用生态学的理论和方法可以更好地研究个体的行为与环境之间的关系。1986年布朗芬布伦纳（Bronfenbrenner）提出社会生态系统理论，他们认为个体行为受到所处环境的多层次影响，个体嵌套于相互影响的一系列环境系统之中，该系统分为四个层次结构，分别为微观系统、中观系统、外部系统和宏观系统[2]。

针对身体活动缺乏的问题，国外学者早在20世纪80年代末就从社会生态学

---

[1] 牛翠娟，娄安如，孙儒泳，等. 基础生态学［M］. 第3版. 北京：高等教育出版社，2015.

[2] Bronfenbrenner Urie. Ecology of the family as a context for human development：Research perspectives ［J］. Developmental Psychology，1986，22（6）：723-742.

的角度进行了探索。麦克莱罗伊（Mcleroy）[1]、斯陶克（Stokols）[2]最早将社会生态理论应用于健康促进领域，并提出了社会生态模型（Social-ecological Model），该模型所描述的环境是一个多维度的，包括社会的、物理的和文化的，均影响健康行为。个体健康行为不仅被环境因素所影响，也被一系列的心理因素（如心理倾向、知识、态度和以前的健康行为）所影响。社会生态模型认为多层面的因素影响健康行为，而不是像传统的一些理论仅局限于单一层面，而且考虑到个体因素与多层面环境因素的交互作用。萨利斯（Sallis）等[3]在麦克莱罗伊、斯陶克等学者研究的基础上，指出了社会生态模型对健康促进的重要作用。韦尔克（Welk）是最早运用社会生态系统研究青少年身体活动影响因素的学者之一。韦尔克根据青少年的身心发展特点和行为特征，结合社会生态学的理论知识，构建了青少年身体活动促进模型（YPAP模型，Youth Physical Activity Promotion Model），为青少年身体活动促进开拓了更广阔的研究路径，较为系统全面地归纳了青少年身体活动的影响因素（倾向因素、促成因素、强化因素）及其相互关系。倾向因素是可能促进青少年身体活动行为的先导因素，包括态度、意志、自我效能等；促成因素是促进青少年进行身体活动的条件因素和环境因素，如体育设施的可达性、建成环境等；强化因素是青少年持续坚持身体活动的激励因素，如父母的支持、同伴的鼓励等[4]。但斯宾塞（Spence）等认为，YPAP模型对环境变量的分析并不十分确切，也没有将政策变量考虑进去[5]。

2. 国内青少年身体活动生态相关研究

在中国知网（CNKI）、中国社会科学引文索引（CSSCI）、中国科学引文数据库（CSCD）、万方、维普等国内数据库，以"青少年""学生""身

---

①Mcleroy K R, Bibeau D, Steckler A, et al. An ecological perspective on health promotion programs [J]. Health Educ Q, 1988, 15（4）: 351-377.

②Stokols D. Establishing and Maintaining Healthy Environments: Toward A Social Ecology of Health Promotion [J]. American Psychologist, 1992, 47（1）: 6-22.

③Sallis J F, Patterson T L, Buono M J, et al. Relation of cardiovascular fitness and physical activity to cardiovascular disease risk factors in children and adults [J]. American Journal of Epidemiology, 1988, 127（5）: 933-41.

④Welk G J. The youth physical activity promotion model: a conceptual bridge between theory and practice [J]. Quest, 1999, 51（1）: 5-23.

⑤Spence J C, Lee R E. Toward a comprehensive model of physical activity [J]. Psychology of Sport & Exercise, 2003, 4（1）: 7-24.

体活动""体力活动""锻炼""运动""生态""社会生态""生态模型""生态学模型""生态学""社会生态学""社会生态模型""生态系统""社会生态系统"为主题词，对青少年身体活动生态相关研究进行文献检索，并通过参考文献追溯的方法进一步补充相关研究文献。国内相关研究文献主要集中在2010年以后。洪茯园是较早将社会生态模型应用于青少年身体活动研究的国内学者[①]，洪茯园以上海市的中学生为研究对象，依据社会生态模型，考察了社会支持、环境、自我效能对青少年身体活动的影响。随后，运用生态学的跨学科理论对青少年身体活动进行研究逐渐引起了我国部分学者的关注。苏传令[②]、马晶[③]、吴一卓[④]、张瑞琪[⑤]等相继发表了相关研究综述，进一步梳理了国外生态学模型、社会生态理论等发展、演进脉络，挖掘其内涵，并对最新的研究进展进行了阐述。目前，国内已形成两个比较稳定的研究方向：一个是以司琦[⑥]、代俊[⑦]、陈培友[⑧]等为代表的实证研究；另一个是以董如豹[⑨]、吕和武[⑩]等为代表的欧美发达国家借鉴研究。虽然近年来我国学者加强了青少年身体活动生态相关研究，但总体来看，与欧美发达国家相比，我国在该领域的研究起步较晚，整体发展滞后，尚未达成学界共同关注，这显然与我国青少年身体活动缺乏的严峻现状不相匹配。相较于传统的单一水平研究，从生态学视角出发可以从多个水平和维度对青少年身体活动进行综合干

①洪茯园. 上海市部分中学生体力活动和静态生活现状调查及影响因素的研究［D］. 上海：上海体育学院，2010.

②苏传令. 社会生态学模型与青少年体力活动关系的研究综述［J］. 浙江体育科学，2012，34（2）：94-98，124.

③马晶，张帆，司琦. 影响青少年参与身体活动的个体因素综述——基于社会生态模型的个体生态子系统［J］. 浙江体育科学，2016，38（3）：101-105.

④吴一卓，于可红. 社会生态模型与身体活动的研究综述——基于2007至2017年的文献研究［J］. 浙江体育科学，2019，41（3）：94-100.

⑤张瑞琪，司琦. 基于社会生态模型组织系统的青少年体育健康促进干预研究综述［J］. 浙江体育科学，2019，41（2）：73-78，112.

⑥司琦，汪霖之，Kim Jeongsu，等. 基于人际和组织生态子系统的青少年校内课外身体活动影响因素研究［J］. 首都体育学院学报，2017，29（3）：259-264，279.

⑦代俊，陈瀚. 青少年校内身体活动行为促进的社会生态因素及路径［J］. 上海体育学院学报，2019，43（3）：85-91.

⑧陈培友，孙庆祝. 青少年体力活动促进的社会生态学模式构建——基于江苏省中小学生的调查［J］. 上海体育学院学报，2014，38（5）：79-84.

⑨董如豹. 社会生态学模型视角下美国和新西兰青少年身体活动促进研究［D］. 福州：福建师范大学，2016.

⑩吕和武，吴贻刚. 美国对青少年健康行为的干预及启示［J］. 体育文化导刊，2015（3）：62-65.

预。但目前的实证研究中缺少整体宏观的考量，特别是外部环境与个体因素间相互作用的研究相对缺乏①，根据我国青少年身体活动的现状，在多个维度对生态模型进行完善的实证研究仍有很大的空间。生态学模型及其相关理论是由国外引进而来，其本身又颇具复杂性，且不同的研究者尚未对其各构成维度的界定达成一致的共识，盲目对其进行"中国化"移植，缺乏科学性。因此，在借鉴国外先进经验的基础上，如何构建适合我国青少年的模型还需要继续深入研究。

（四）研究述评

梳理以上研究成果可知，我国青少年身体活动研究向度主要在健康效益、现状及国外借鉴等多个方面，研究内容广泛、研究形式多样、研究层次差异较大。相较于国内研究，国外研究方面，研究的向度和研究热点与国内有较大区别，更多关注影响因素、"剂量—效益"关系等方面。综上分析，尽管国内外学者对于该领域的研究在不断完善，并已取得一系列富有启发性的研究成果，但仍存在一些局限性与盲点，还有进一步深入研究的空间。

第一，既有研究对青少年身体活动量的研究。一方面，国内外目前常用的方法是通过身体活动的时间长短和频率来反映身体活动量，部分研究甚至以出汗的主观感受来评价身体活动的强度（如微微出汗表示中小强度、全身出汗表示中等强度、大汗淋漓表示高强度），对于青少年人群采用这类测量方法，难以充分评价青少年的身体活动量；另一方面，是采用双标水法或者佩戴加速度计等身体穿戴设备来测量身体活动量，这些方法相较于传统方法精准度有了极大的提高，但成本较高、操作复杂，且无法反映出身体活动的不同类型。第二，青少年身体活动促进的机制异常复杂，既有宏观的因素（政府、媒体等），又有中观的因素（学校、社区等），还有微观的因素（个体因素），现有研究未能将多层次的影响因素进行有效整合。第三，已有文献对青少年身体活动的研究侧重于流行病学的研究方法，研究视角较为单一，较少把身体活动促进作为系统进行考虑，缺乏系统全面的实证研究。虽然在社会生态模型方面，国外研究比较完善，但由于在社会经济制度等诸多方面的区别，虽有可借

---

①杨剑，邱茜，季浏. 锻炼行为生态学模型及其在体育领域的应用［J］. 武汉体育学院学报，2014，48
（10）：75-81.

鉴性，但不具备可复制性，尚不能完全套用到我国青少年身体活动促进社会生态系统上，而国内一些学者基于经验式的理性分析的研究，与真正意义上的系统模型构建还有一定差距；还有一些国内学者虽也运用社会生态系统理论对我国青少年身体活动进行了相关的实证研究，但这些研究大多采用欧美学者所设计的调查量表对我国青少年进行验证，其针对我国国情的有效性还有待进一步论证，且部分研究忽略了对不同层级社会生态子系统交互作用的探讨与验证。因此，对青少年身体活动促进的各影响因素进行更加深入、更加系统的研究就显得尤为重要。基于当前我国青少年身体活动促进存在的困境，以及借鉴国外的有益经验，有必要构建一个立足于我国国情的青少年身体活动促进社会生态系统模型，从表象到本质逐层深入分析我国青少年身体活动促进的影响因素，从而改善我国青少年体质健康水平，进而推动健康中国建设。

目前，特别是在《"健康中国2030"规划纲要》提出了"健康优先"的理念背景下，形成了有利于加快构建健康的生活方式、生态环境和经济社会发展模式的态势。中共中央、国务院印发的《关于加强青少年体育增强青少年体质的意见》等重要文件均十分关注我国青少年学生体质健康水平下降的问题，强调全面构建和实施我国青少年体育健康促进工程迫在眉睫。因此，基于目前的改革发展形势，需要促进我国青少年身体活动，从社会生态方面了解其各层级社会生态子系统交互作用、存在的限制性因素等；需要根据社会生态系统要素的表达机制及发展需求，在健康中国的大背景下，对青少年身体活动促进社会生态系统模型进行构建与分析，从而使青少年身体活动促进社会生态系统得到健康、可持续的发展。

四、研究思路与内容

（一）研究思路

本研究以社会生态系统理论、社会支持理论等为理论基础，以"模型构建"为逻辑主线，注重目标导向与问题导向相统一、当前实践与长远发展相统一，循着"问题提出—理论框架—实证分析—对策研究"的整体思路，在对国内外相关文献梳理的基础上，厘定本研究的核心概念和理论基础。然后，基于"中国健康与营养调查"（CHNS）数据对我国青少年身体活动的现实状况和时空变化趋势进行全面的描述，进一步强化宏观上的认知。随后，运用扎根理论的质性研究方法构建青少年身体活动促进社会生态系统理论模型。在此基础上，运用验证性因子分析对青少年身体促进社会生态系统进行检验，探讨青少年身体活动促进社会生态系统"宏观—中观—微观"各层级的交互关系。最后，提出青少年身体活动促进的实现路径，以期为我国青少年健康促进提供必要的数据支撑和决策参考。

（二）研究内容与整体框架

1. 研究内容

本研究依据"提出问题—理论基础—实证研究—结论启示"的思路，逐层推进将论文分为七个部分，各部分具体内容如下。

第一部分是绪论部分。首先，本研究从青少年身体活动的研究背景入手，对国内外学者的研究进行系统性的梳理；其次，明确研究目的、研究思路与技术路线；最后，描述本研究选用的研究方法。

第二部分是概念界定与理论基础部分。一方面，在前人研究的基础上对本研究主题所涉及的核心范畴"身体活动""青少年"等进行概念界定，以明确本研究的宽度；另一方面，对国际上较为先进的社会生态系统理论、人口健康促进模型、青少年身体活动促进模型、社会支持理论进行简要的回顾，为后续研究提供理论支撑。

第三部分是我国青少年身体活动状况和变化趋势部分。该部分基于"中国健康与营养"调查数据，采用流行病学的研究方法，从交通性身体活动、家务性身体活动、学校体育活动、校外体育活动四个方面对我国青少年的现实状况进行描述，并利用GIS技术分析其时空变化趋势，从而在宏观上增强对当前我国青少年身体活动状况的认识。

第四部分是青少年身体活动社会生态系统模型的构建部分。是本研究的重要内容之一。利用扎根理论的质性研究方法，对社会生态系统各层级具有代表性的对象进行深度访谈，经过三级编码，构建青少年身体活动促进社会生态系统理论模型。

第五部分是青少年身体活动促进社会生态系统模型的实证研究部分。是本研究的重要内容之一。运用结构方程模型的验证性因子分析对青少年身体活动促进社会生态系统模型进行验证，并对"宏观""中观""微观"三个层面交互关系进行探索。

第六部分是青少年身体活动促进对策部分。在这一部分，结合实证研究结果与国际先进经验，提出我国青少年身体活动促进的实现路径。这部分是本研究的落脚点。

第七部分对本研究的结论进行概括，阐明本研究的不足之处以及对本研究主题未来的研究空间进行展望。

2. 研究框架

研究框架如图1-8所示。

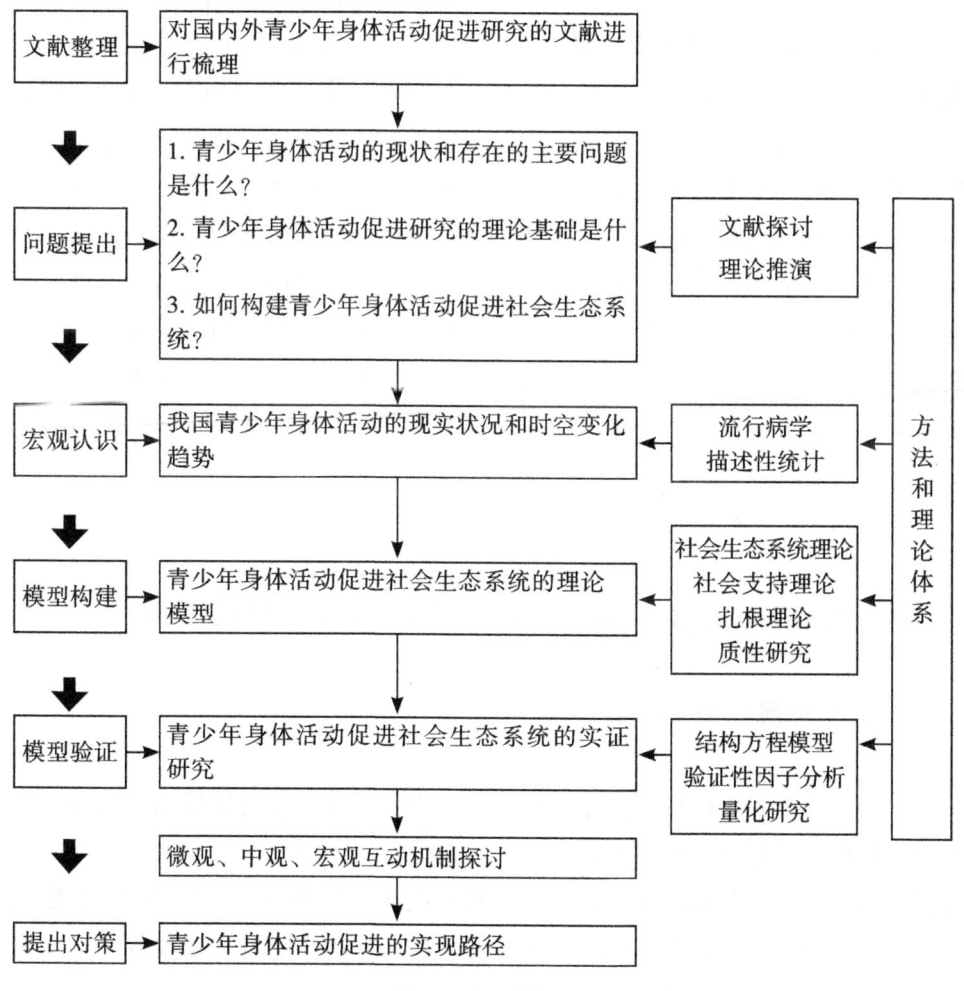

图1-8 研究框架

五、研究方法

（一）文献资料法

根据本研究的研究主题，搜集国内外相关文献。国内文献部分，以中国知网为主要的文献数据库，以"青少年""身体活动""体力活动""社会生态""健康促进"等为关键词，以博士学位论文、核心期刊为主要文献来源进行文献检索，重点关注近十年的高被引论文。同时，访问教育部、国家体育总局、国家卫健委官方网站，对"青少年体育""青少年健康促进"等方面的相关政策进行梳理。国外文献部分，以美国科学信息研究所（ISI）的Web of Science为主文献检索库，并以PubMed、Medline、EBSCO、Embase等数据库进行文献补充。同时，运用美国德雷塞尔大学华裔学者陈超美开发的CiteSpace软件对文献进行深层次的量化分析。收集美国、澳大利亚等发达国家关于青少年身体活动促进的相关政策文件，比如，美国卫生及公共服务部（HHS）发布的《美国人身体活动指南》，美国疾病控制与预防中心（CDC）发布的《青少年身体活动指南》《活跃社区行动指南》，澳大利亚卫生部发布的《儿童青少年成长发展指南》等。通过文献的梳理，完成对"身体活动""青少年"等核心范畴的界定，形成青少年身体活动促进社会生态系统基本理论和框架体系。

（二）数理统计法

本研究运用SPSS、SAS 9.4、R 3.6.1软件对数据进行清理、分析。

（三）空间计量学方法

本研究主要采用地理信息系统技术来探索我国青少年身体活动的时空变化趋势，数据来源选择的是中国疾病预防控制中心营养与食品安全所（原中国预防医学科学院营养与食品卫生研究所）与美国北卡罗来纳大学人口中心合作的"中国健康与营养调查"数据。该方法可以将我国青少年身体活动的时空变化趋势可视化，使分析结果更直观、更形象。

（四）访谈法

以青少年身体活动促进社会生态系统的社会支持源和被支持源为访谈对象。被支持源即本研究的研究主体——青少年，社会支持源为各层级社会生态子系统的代表性人物，如教师、家长、社区工作人员等。在访谈的过程中，本研究采用半结构式深度访谈，并在此基础上围绕研究主题进行必要的追问。半结构式访谈既具有结构式访谈的针对性，又具有非结构式访谈的开放性，能够就某一研究方向进行深入的信息挖掘。

（五）扎根理论

扎根理论（grounded theory），是质性研究中较为常用的一种研究方法，是在对原始资料（音频、视频、文字、图片等）分析和归纳的基础上，推演出研究假设或者研究理论。扎根理论强调对原始资料的不断概念化、范畴化，自下而上不断浓缩，逐步使理论从模糊变得清晰，进而提炼出理论框架。本研究采用的是扎根理论的三级编码方法对原始资料进行编码、分析。

（六）问卷调查法

问卷调查法是众多科学研究中最为基本的一种数据收集方法。本研究在扎根理论质性研究的基础上，结合国外成熟的调查问卷编制出本研究调查问卷。主要采用李克特（Likert）五级量表对青少年人群进行模型验证。为青少年身体活动促进社会生态系统模型进行量化的实证研究提供数据上的支持。

（七）验证性因子分析

为检验青少年身体活动促进"微观""中观""宏观"三个层面社会生态系统理论模型的科学性与合理性，运用 AMOS 24.0软件对青少年身体活动促进社会生态系统的理论模型适配程度进行验证，验证每一因子与其观察变量之间的关系。将研究的侧重点关注在因子间复杂关系的分析上，通过对各个因子的理性思考，力图从不同层级社会生态子系统的视角出发，来审视我国青少年身体活动促进的关键影响因素。

六、研究的创新点

（一）研究视角创新

首先，虽然国内外学者对青少年身体活动的相关研究非常丰富，但目前鲜有从不同身体活动类型出发，来探讨青少年身体活动现状与时空变化趋势的研究。其次，现有文献的实证研究缺乏对政策、媒体等宏观因素的考量。从这个角度来看，本研究是一个新的尝试。最后，本研究汲取社会生态系统理论、青少年身体活动促进模型、人口健康促进模型等国际先进经验，整合社会学、社会生态学、流行病学等交叉学科理论，以我国青少年身体活动促进社会生态系统构建为逻辑主线，探究我国青少年身体活动促进各社会生态要素间相互影响的宏观、中观和微观方面的作用机制，体现了研究视角的创新。

（二）研究方法创新

采用定性研究与定量研究相结合，横向与纵向研究相搭配，理论探索与实证研究并举的多源数据融合方法。一方面可以增加推论的有效性，另一方面可以对多种研究结果进行整合，达到补充观点、相互验证的目的，可以对青少年身体活动促进进行更为全面、深入的解析，具有一定的方法创新。

第二章 概念界定与理论基础

一、概念界定

（一）身体活动

身体活动是人类与生俱来的自然行为，是人类探索和发现世界的重要手段。人类一生中相当多的一部分时间都花在学习与掌握各种各样的身体活动上，从婴幼儿时期简单的伸手、抓握和滚翻等到长大后极其复杂的技能（如打篮球或跳舞）。1985年，卡斯珀森（Caspersen）等率先提出身体活动是指人体骨骼肌活动所产生的导致能量消耗的身体动作[1]。这一定义被世界卫生组织（WHO）和一些学者所接纳，但学界对此定义仍存在一些分歧。按照这一定义几乎所有的肌肉动作都可以被认为是身体活动，比如游泳、走路、扫地、踢球等。那么，譬如膝跳反射这种不受主观意识控制的骨骼肌活动属不属于身体活动？这些骨骼肌活动也值得体育界学者同等重视吗？虽然它们也都是人类骨骼肌活动并同样会产生一定的能量消耗，但它们在形式和目的上太过多样化，任何单一学科都无法对其进行研究。因此，卡斯珀森对身体活动的定义显得过于宽泛。身体活动对应的英文词组是physical activity。《牛津英语词典》对activity一词有两个解释，其中之一是：a thing that you do for interest or pleasure, or in order to achieve a particular aim，其意是：为兴趣或乐趣或为达到特定目的而做的事。只有有意识的，有时甚至带有一定乐趣的具有明确目标指向的骨骼肌活动才符合本研究对身体活动的定义。这就可以排除非主观意识控制的一些骨骼肌活动，还可以排除人在没有目标的情况下进行的一些动作（如一个无意识的

---

[1]Caspersen C J, Christenson P G M. Physical Activity, Exercise, and Physical Fitness: Definitions and Distinctions for Health-Related Research [J] Public Health Reports, 1985, 100（2）: 126-131.

抓头或者心不在焉的拨弄头发），以及一些强迫性的动作。基于上述分析，本研究将身体活动定义为：为达到一个明确的目标引起骨骼肌收缩而产生能量消耗的，对身体健康有着积极影响的身体移动形式。胡亦海指出人类的身体活动形态具有五个层次[1]：生活性、工作性、健身性、表达性以及竞技性。生活性活动就是人类日常生活的行走、跑步、跳跃、滚翻等活动形式；工作性活动就是各行业的职业身体活动，比如农耕、采矿等；健身性活动就是以强身健体为目的的健身休闲身体活动；表达性活动的目的主要是观赏，最具代表性的就是舞蹈；而竞技性活动是指竞技运动。综上所述，身体活动包含以下三个要素。

①身体活动发生的场域比较广泛，不限于体育运动发生的场域。身体活动不仅发生在不同的场域，同样也有着许多不同的形式。打篮球是一种身体活动，将废纸扔进纸篓也是一种身体活动；背越式跳高是一种身体活动，跳房子也是一种身体活动。

②仅仅是身体发生移动或者是骨骼肌的活动并不能构成身体活动，身体活动必须有明确的目标指向，对身体健康有着积极的意义。比如膝跳反应、肠胃的蠕动就不属于身体活动的范畴。身体活动不包括漫无目的或没有特定目的的动作或移动。

③身体活动需要我们移动身体或者身体的一部分，但这种移动本身并不构成身体活动。这种移动是身体活动的必要条件，但不是充分条件。

（二）青少年

一直以来，学界对青少年的概念界定尚未达成共识。世界卫生组织在2006年将青少年（Adolescents）的年龄段定为10～19岁[2]。发展心理学认为，青少年时期历时六年，从11、12岁到17、19岁[3]。考虑到我国学生18岁以后普遍会进入大学，家庭和社区不再是大学生身体活动的环境主体，与18岁以下青少年相比存在显著差异。另一方面，对于10岁以下的儿童来说，正如萨利斯和欧文指出的，自我报告式的问卷，量表可靠性较低[4]。因此，本研究将青少年的年

①胡亦海. 竞技运动训练理论与方法［M］. 北京：人民体育出版社，2014.

②World Health Organisation. Orientation programme on adolescent health for health care providers［C］//Geneva，2006.

③林崇德. 发展心理学［M］. 北京：人民教育出版社，2009.

④Sallis JF，Owen N. Physical Activity and Behavioral Medicine［M］. Thousand Oaks，CA：Sage，1999.

龄段设为10~18岁，主要为在校的小学高年级学生和初高中学生。

（三）青少年身体活动促进

在国内外文献中，"身体活动促进（Physical Activity Promotion）"这一名词早已多次使用，但目前学界尚未对这一名词给出明确的定义。其上位概念——"健康促进（Health Promotion）"，最早在20世纪20年代由温斯洛（Winslow）提出[1]，但未引起学者的广泛关注。到了20世纪40年代美国著名医学史家亨利·欧内斯特·西格里斯特（Henry Ernest Sigerist）将医学分为了四部分，即健康促进、预防疾病、治疗疾病、康复，他指出健康促进很显然可以对疾病进行预防[2]。1986年11月21日在加拿大的渥太华，世界卫生组织召开了第一届国际健康促进大会，大会通过了著名的《渥太华宣言》（*The Ottawa Charter*）。《渥太华宣言》提出，健康促进是促进人们加强对其健康的控制、提高和完善的过程[3]。2000年6月，时任世界卫生组织总干事格罗·哈莱姆·布伦特兰（Gro Harlem Brundtland）在第五届国际健康促进大会上强调：健康促进就是促进人们尽可能地将自己保持在最佳的健康状态，其宗旨是促使人们选择正确的生活方式，了解怎样保持健康。要广泛动员和协调社会、经济、政治力量，共同改善并维持健康的社会和物质环境。在此基础上，西方学者提出"健康提升身体活动"这一概念。强调仅仅依靠体育锻炼来促进健康水平的提高是不够的，步行、骑行、舞蹈、劳动等较为安全且具有较高健身效益的日常身体活动同样值得重视，因为人一生的大部分时间是处于"非锻炼状态"的[4]。身体活动涵盖了许多不同形式的活动行为，在方方面面影响着青少年的体质健康水平[5]。因此，青少年体育锻炼，特别是学校体育活动不是青少年身体活动的全部。仅仅依靠45分钟一节的体育课和校内体育活动很难满足青少年身体活动的需求。青少年身体活动的不足不仅仅是学校体育或某一单方面

---

①Winslow C E A. The untilled fields of public health [J]. Science, 1920, 51（1306）: 23–33.
②李红娟. 体力活动与健康促进 [M]. 北京：北京体育大学出版社, 2012.
③World Health Organization. The Ottawa Charter for Health Promotion [EB/OL].（1986–11–21）
  [2020–07–11]. https://www. who. int/healthpromotion/conferences/previous/ottawa/en/.
④Biddle S, Cavill N, Sallis J. Young and active? Young people and health–enhancing physical activity –
  evidence and implications [J]. Health Education Authority, 1998, 1.
⑤郭强. 中国儿童青少年身体活动水平及其影响因素的研究 [D]. 上海：华东师范大学, 2016.

的问题，而是一个涉及家庭、社区、学校及社会的综合性、复杂性、系统性问题。本研究认为，青少年身体活动促进就是指促使青少年进行能够有效改善并维持其身体健康的结构化和非结构化的身体活动，能有效提高青少年的身体活动水平，达到强身健体的目的。

二、理论基础

（一）社会生态系统理论

"生态"一词指的是生物体生存的状态。"生态学（Ecology）"这一概念最早由德国生物学家恩斯特·海因里希·海克尔（Ernst Heinrich Haeckel）于1866年定义，指的是研究生物体与其所属环境之间交互关系的科学。1935年英国植被生态学家阿瑟·乔治·坦斯利爵士（Arthur George Tansley）率先明确提出了"生态系统（Ecosystem）"的概念，开始从系统的角度来研究生物体与其所属的自然环境之间的相互关系。随着20世纪40年代系统论、控制论和信息论的引入，生态系统理论得到进一步的发展。任何生态系统都是各组成要素之间能量流动、物质循环和信息传递而形成的有机整体，它不是各个组成部分的简单相加。各组成要素的相互联系以及外部环境构成了生态系统的整体性。随着生态系统研究的逐步深入，生态系统研究的重点慢慢聚焦到了生态系统的功能和结构上。总的来看生态系统有以下八个重要特征：系统性、整体性、功能性、循环性、复杂性、动态性、可持续性、适度性。从结构上来看，生态系统分为两大要素，一个是生物要素，由生产者、消费者和分解者组成；另一个是非生物环境要素，也就是空气、水、阳光等组成的环境系统。

在生态学的影响下，20世纪60年代以后社会生态学逐渐形成。社会生态学主要是研究人类社会及其所属的自然环境和社会环境之间的相互关系。美国心理学家阿尔伯特·班杜拉（Albert Bandura）认为人类的行为受到外界因素的影响，同时人类本身也在与外界各种因素产生互动。但是，阿尔伯特·班杜拉仍然没有对人类所属的环境做出明确的描述。1979年，美国心理学家布朗芬布伦纳（Urie Bronfenbrenner）在其著作《人类发展生态学》（*The Ecology of Human Development*）中最早提出了社会生态学的个体发展理论，也就是著名的社会生态系统理论（The Ecological Systems Theory）[1]。该理论重点强调了环境对人类的重要影响，尤其是对人类的心理发展和行为方面影响巨大。他把个体的发展嵌入一系列相互联系、相互作用、相互影响的生态环境中，鉴于生态环境的多层次性，将系统划分为四个层次，从大到小依次是：宏系统（Macrosystem）、外系统（Exosystem）、中系统（Mesosystem）以及微系统（Microsystem）。微系统就是个体在活动和交往中直接接触到的环境，比如学校、家庭等；中系统包括两个或者多个环境之间的相互关系；外系统指的是一个或多个个体并没有直接参与的，但是会通过对个体所处的环境产生影响从而间接影响个体的系统。而宏系统则是指个体所处的意识形态、宗教信仰、文化价值观等。布朗芬布伦纳把生态系统中时间维度上的变化称作时序系统（chronosystem）[2]（图2-1）。

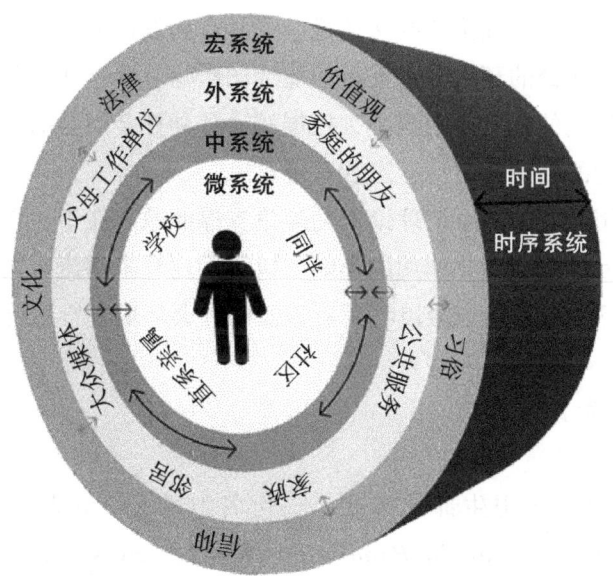

图2-1 布朗芬布伦纳社会生态系统理论

---

①注：在社会学研究领域，社会生态系统理论（The Ecological Systems Theory）常被简称为生态系统理论。

②Bronfenbrenner U. The Ecology of Human Development［M］. Boston：Harvard University P，1979.

布朗芬布伦纳的社会生态系统理论将个体嵌入整个系统中，强调个体与环境以及环境与环境之间的相互作用，为人类心理发展和行为的研究提供了较为完整的理论架构。但也有学者认为，生态系统理论过分强调了环境对个体的影响作用而忽略了个体自身的主观能动性。

美国现代社会生态理论的代表人物查尔斯·H.扎斯特罗（Charles H. Zastrow），在布朗芬布伦纳的生态系统理论基础上，将社会生态系统分为三个层次：其一，微观系统（Micro System），就是处于社会生态系统当中的个体；其二，中观系统（Mezzo System）指的是小规模的群体，比如职业群体、家庭等；其三，宏观系统（Macro System）则是更大一些的社会系统，比如文化、习俗、制度等[1]。这三个系统总是处于相互作用和相互影响的状态。因此，对个体行为的研究需要将研究对象置于微观系统、中观系统、宏观系统多种要素相互作用的社会环境中。

尽管目前有部分学者反对将生态学观点强加在社会系统的研究上，但不可否认的是社会生态系统理论的要义还是十分具有启发性的，它给我们的启迪就是必须了解人类所处的环境对人类行为造成的影响。善于从人类和其所属的各种层次的系统环境的交互作用当中去挖掘解决各种社会问题的关键，并逐步完善影响人类行为的微观、中观、宏观系统。

本研究运用社会生态系统理论作为理论支撑的原因在于：青少年身体活动促进受到多层社会环境交互作用的影响，以往国内外采用流行病学的研究方法与技术对身体活动进行研究难以将所有涉及的社会环境进行系统的分析。

（二）健康促进模型

1994年，加拿大卫生部长批准了一份名为《人口健康战略：投资加拿大人的健康》（*Strategies for Population Health: Investing in the Health of Canadians*）的文件，该文件将人口健康的决定因素确定为九个方面：收入和社会地位、社会网络支持、教育、工作条件、物理环境、生物学和遗传、个人健康习惯和应对技能、儿童健康发展（积极的产前和幼儿经历对成人后的健康有重要影响）、卫生服务。随后，加拿大公共卫生局在《人口健康战

---

①师海玲，范燕宁.社会生态系统理论阐释下的人类行为与社会环境——2004年查尔斯·扎斯特罗关于人类行为与社会环境的新探讨［J］.首都师范大学学报：社会科学版，2005（4）：94-97.

略：投资加拿大人的健康》和《渥太华宣言》的基础上围绕着"我们应该采取什么行动？""我们应该如何采取行动？"和"我们应该与谁一起行动？"三个核心问题构建了人口健康促进（Population Health Promotion，PHP）模型（图2-2）。

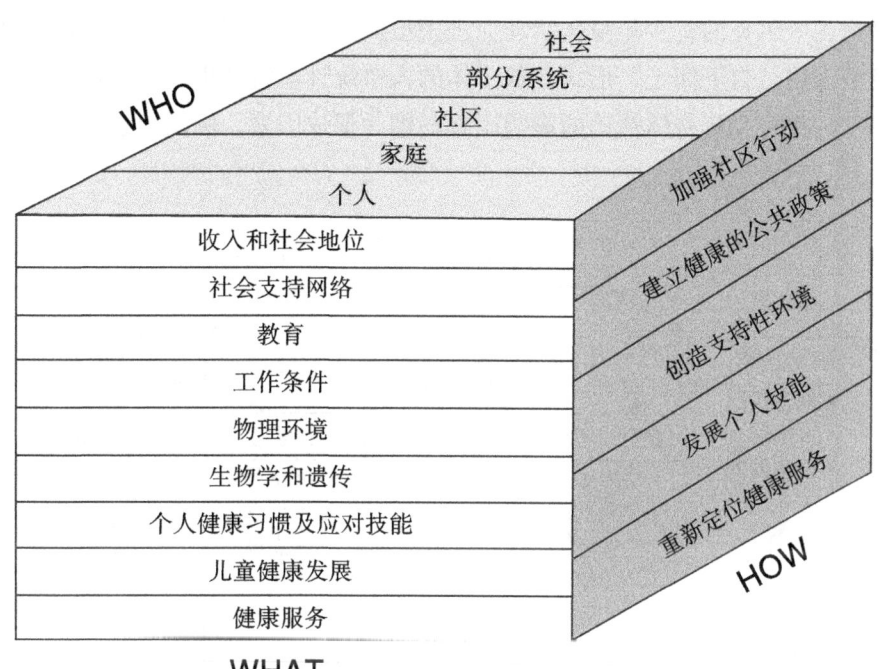

图2-2　人口健康促进模型[①]

人口健康促进模型是一个完整的立方体，立方体的正面是人口健康的9个决定因素（WHAT），侧面是5种健康促进的策略（HOW），顶部是采取行动的各个层面的客体（WHO）。人口健康促进模型解释了人口健康与健康促进之间的关系，显示了如何通过不同的健康促进策略对各种健康决定因素采取有

①Public Health Agency of Canada. Population Health Promotion：An Integrated Model of Population Health and Health Promotion［EB/OL］.（2001-12-08）［2021-07-27］. https：//www. canada. ca/en/public-health/services/health-promotion/population-health/population-health-promotion-integrated-model-population-health-health-promotion. html.

效的措施。

受到布朗芬布伦纳生态系统理论的启发，萨利斯将生态系统理论引入身体活动促进的研究领域。1999年，韦尔克考虑到青少年与成人在身心特点、所处的社会环境等方面存在巨大差异，在前人研究的基础上构建了青少年身体活动促进模型（Youth Physical Activity Promotion Model）（图2-3）。相较于之前的研究，韦尔克的青少年身体活动促进模型面向青少年群体，更具有针对性。该模型采用"自下而上"形式，从个体的人口统计学特征出发，逐步完成模型的建立，将青少年身体活动的影响因素归纳为促成因素、倾向因素和强化因素三大类。

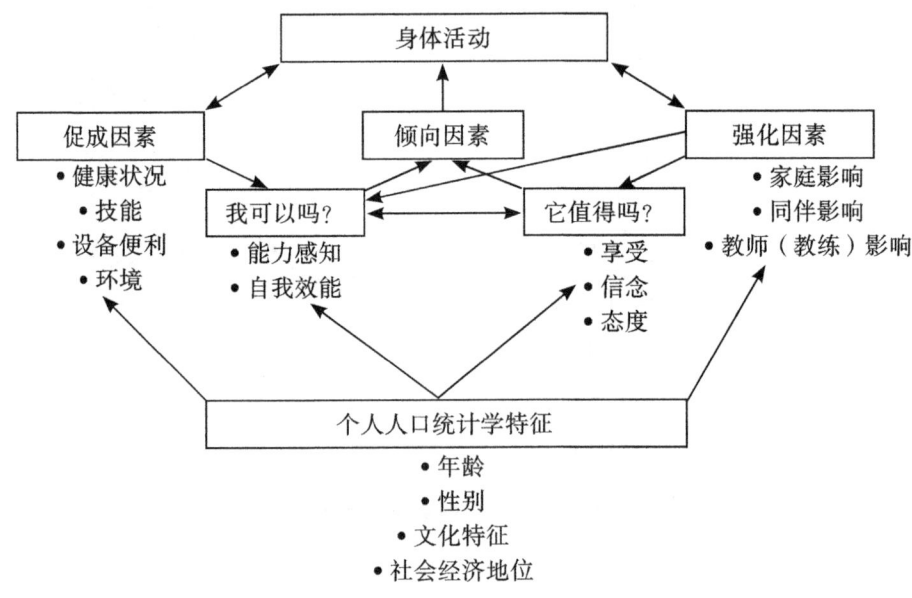

图2-3　青少年身体活动促进模型[1]

促成因素指的是青少年参与身体活动的环境因素与生物因素。环境因素就是青少年参与身体活动的物理环境，比如体育设施、可供骑行的路面、公园等。生物因素就是青少年个体自身的各种生物指标，比如健康状况、各种运动能力等。倾向因素指的是诱发青少年产生身体活动行为的先行因素，或者说是

①Welk G J. The youth physical activity promotion model：a conceptual bridge between theory and practice ［J］. Quest，1999，51（1）：5-23.

产生身体活动行为的动机。一类是青少年对身体活动的自我效能、能力感知方面的因素，另一类是青少年对身体活动的态度、信念、享受等因素。强化因素是紧随身体活动行为发生之后的，青少年获得的激励和鼓励，分为自身强化（自己的满意等）和外部强化（来自社会网络的支持，包括父母、兄弟姐妹、教师、教练、同伴、同学等社会关系的鼓励与激励）。在青少年身体活动促进模型中，个体的人口统计学特征是基础，会对促成因素、倾向因素和强化因素产生不同的影响，同时，这三个因素也不是孤立的，只有在三个因素的共同交互作用下才能有效提高青少年身体活动水平。倾向因素属于个体的因素，而强化因素和促成因素大多属于外部因素。比如，某个青少年产生了进行身体活动的动机（倾向因素），但是必须要有现实的条件（促成因素）才能实现身体活动行为，身体活动的行为产生后会引发个人的满足和社交网络在情感上的认可（强化因素），从而巩固身体活动这一行为与动机（倾向因素），进而继续寻找资源（促成因素），达到持续执行身体活动的长久动机，最后养成积极身体活动的良好习惯。

（三）社会支持理论

人类社会形成的开始就伴随着人类相互之间的支持。人的一生都需要依赖他人的支持与帮助。社会支持（socialsupport）概念的出现可以追溯到20世纪70年代的精神病学的文献中，精神病学家对社会支持与精神病人身心健康之间的关系进行了大量的研究。随后，社会学、流行病学、心理学等学科领域都开始了社会支持的相关研究，近些年社会支持已然成为这些学科领域共同关注的研究热点。但是，社会支持的内涵仍未达成共识。柯布（Cobb）对社会支持的经典定义包括三个组成部分：感觉被爱，感觉受到重视或受到尊重，以及有社会归属感[1]。寇思（Cohen）等认为社会支持就是为个体提供各种支持，支持的内容可以是物质、信息、情感等[2]。库伦（Cullen）等把社会支持定义为个体从社会网络、家人以及朋友处获得精神上或物质上的帮助[3]。由此可见，社

---

①Cobb S. Social support as a moderator of life stress [J]. Psychosomatic Medicine，1976，38.

②Cohen S，Wills T. A Stress，Social Support，and the Buffering Hypothesis [J]. Psychological Bulletin，1985，98（2）：310–357.

③Cullen，Francis T. Social support as an organizing concept for criminology：Presidential address to the academy of criminal justice sciences [J]. Justice Quarterly，1994，11（4）：527–559.

会支持是一个复合维度的概念，社会支持既包含了个体所处的环境因素，还包含了个体的认知因素以及个体与其社会网络之间的相互作用。虽然学界对社会支持的界定尚未达成一致，但主流的观点认为，社会支持就是指社会弱势群体从其所属的社会关系中获得精神或物质上的帮助。

本研究认为社会支持有三个要素：被支持者、支持源、支持内容。被支持者也就是社会支持的中心，通常是社会弱者或社会弱势群体（也有部分国外学者认为社会支持是一种普遍的社会行为，社会中的每一个个体都可能是被支持者）。国内学者刘书林提出，弱势不一定就是指个体自身存在缺陷或不足，很多情况下是指在权利和权力、物质生活、发展机遇等方面不具备优势的人[①]。李林也认为弱势是一种相对的概念，常指在体能、智能、心理、经济、文化等方面处于劣势的人群[②]。郇昌店等指出青少年群体其实就是不折不扣的弱势群体[③]。青少年缺乏权利表达意识及独立判断能力，经济未独立，无自主生活能力，国际社会普遍将青少年视为保障对象。健康权是青少年的一项基本权利，然而现实情况中的过度学习、体育设施的短缺、体育师资的短缺、经费投入的不足等无一不对青少年的基本权利进行了侵占。本研究的被支持者为青少年。

从青少年的角度来讲，支持源主要有两种。其一是正式的社会支持源，如政府、学校、社区、社会组织等，这类支持源具有正式的组织规范，依据政策和法律提供支持，且一般情况下，提供支持的人都是经过培训的专业人士；其二是非正式的社会支持源，如家人、朋友、同学、邻居等，这类支持源通常具有不确定性，没有政策或法律可依，表现为人与人之间的支持。

支持内容方面，豪斯（House）认为可以将其分为四种：情绪性支持、工具性支持、信息性支持、评价性支持（对被支持者的行为给予反馈）[④]。托伊特（Thoits）将支持的内容分为工具性支持和情绪性支持[⑤]。哥特利布

①刘书林.注重做好弱势群体的思想政治工作 [J].前线，2001（5）：24-25.

②李林.法治社会与弱势群体的人权保障 [J].前线，2001（5）：23-24.

③郇昌店，张林.从后果防范到权利赋予：青少年体质健康治理转向研究 [J].山东体育学院学报，2015，31（4）：23-28.

④House J S. Work Stress and Social Support [M]. Vol 4 Reading, Mass: Addison-Wesley Pub Co, 1981.

⑤Thoits P A. Conceptual, Methodological, and Theoretical Problems in Studying Social Support as a Buffer Against Life Stress [J]. Journal of Health and Social Behavior, 1982, 23（2）: 145-159.

（Gottlieb）指出支持内容包括：实质支持、情感支持、认知支持和陪伴支持[①]。张卫东等将社会支持的内容分为主观支持和客观支持两大类[②]。综合国内外学者的观点，本研究将支持内容分为四大类。第一类，情绪性支持，就是心理、情感层面的支持。例如，鼓励、关心、同情、安慰等；第二类，工具性支持，也叫物质性支持。为被支持者解决问题或改善环境而直接提供的有形的支持，如体育设施、师资、金钱等；第三类，信息性支持。即为被支持者提供建议或者是指导以帮助被支持者提高效率或解决问题；第四类，陪伴性支持。与支持源接触，满足被支持者人际关系的需要，促进被支持者产生积极的心态。

依据社会支持理论，本研究社会支持的主要框架如图2-4所示。

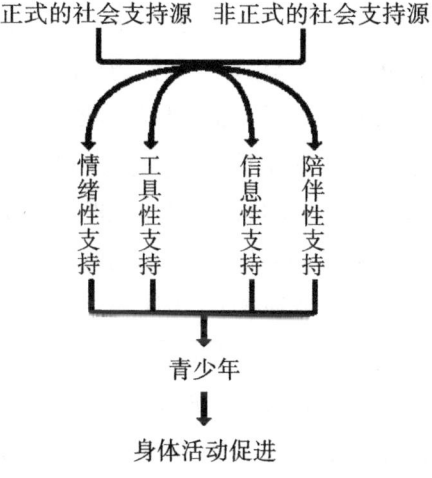

图2-4　青少年身体活动促进的社会支持框架

①Gottlieb BH. Social support strategies：Guidelines for mental health practice［M］. Beverly Hill：Sage Publications，1983.

②张卫东，林喜红. 城市老年人社会支持利用度研究［J］. 心理科学，1997（5）：414-417，472-479.

第三章 我国青少年身体活动的
状况及变化趋势

一、"中国健康与营养调查"介绍

"中国健康与营养调查"英文名称为China Health and Nutrition Survey（CHNS），该项目始于1989年，是中国疾病预防控制中心（CCDC）营养与健康所与美国北卡罗来纳大学（UNC）教堂山分校的卡罗莱纳人口中心长期联合开展的一项国际合作研究项目。北卡罗来纳大学教堂山分校在全球公共卫生研究领域享有极高的学术声誉，培养了6位诺贝尔生理学或医学奖获得者。CHNS项目主要是为了研究我国社会和经济转型对我国人口健康和营养状况的影响。该项目采用了分层多阶段整群随机抽样的方法抽取了我国15个省份、直辖市、自治区约30000多人的样本，包括黑龙江省、辽宁省、北京市、上海市、重庆市、山东省、河南省、江苏省、浙江省、陕西省、湖北省、湖南省、贵州省、广西壮族自治区、云南省，其中浙江省、陕西省、云南省为2015年新增省份。每个省选取两个城市，一个为经济条件较好的省会城市，另一个为经济条件一般的普通城市，每个城市各调查两个社区和两个农村；每个省再选取4个县，一个为经济条件相对较好的，一个为经济条件相对较差的，另外两个为经济水平中等的。分别于1989年、1991年、1993年、1997年、2000年、2004年、2006年、2009年、2011年、2015年开展项目调研、数据整理及发布（最新的2015年调查数据于2019年上半年发布）。

二、数据来源

参与CHNS项目的国际研究小组的学者具有不同的研究背景，包括营养学、公共卫生学、社会学、中国研究、人口统计学等，他们在各自的领域都有着丰富的研究经验，该项目的标准化调查问卷就是由这些跨学科的科学家设计的。调查员都是在经过严格的培训并取得合格证后才开展调查。所有的调查对象都要按照填表说明完成统一的调查问卷。在整个调查的过程当中有专人负责检查调查质量，并在调查完成后有专人进行复查和抽检。

CHNS项目在调查过程中与所有被调查人员都签订了知情同意书，充分尊重了调查所涉及人员的隐私，其研究方案、调查问卷、指导手册均经过了美国北卡罗莱纳大学和中国疾病预防控制中心伦理委员会的审核。

CHNS的标准化调查问卷包括人口学背景资料、工作及收入情况、家务、身体活动、疾病史、膳食等部分（见附件1）。

本研究的数据及信息全部来源于CHNS英文官方网站：https：//www.cpc.unc.edu/projects/china/，该网站为面向公众开放的免费数据平台（社区数据为付费获取），全世界的研究者均可通过访问该网站，注册并获取公开发布的研究数据资料。

三、研究对象

本研究采用CHNS项目的近五轮调查数据，即2004年、2006年、2009年、2011年和2015年的数据。纳入人群是年龄段为10～18岁的青少年。纳入人群来自全国不同经济发展水平的省份、直辖市、自治区（2015年新增省份因缺少身体活动相关数据，故剔除浙江省、陕西省、云南省3个新增省份，为12个省份）。纳入人群所在的12个省份总人口数约占全国总人口数的56%。每一轮调查纳入的样本人数如表3-1所示。

表3-1　纳入人群的基线特征

年份	10～18岁 N	男 N（%）	女 N（%）	城市 N（%）	农村 N（%）
2004	1363	734（53.85）	629（46.15）	421（30.89）	942（69.11）
2006	1003	535（53.34）	468（46.66）	323（32.20）	680（67.80）
2009	870	481（55.29）	389（44.71）	248（28.51）	622（71.49）
2011	1047	538（51.38）	509（48.62）	426（40.69）	621（59.31）
2015	1051	552（52.52）	499（47.48）	364（34.63）	687（65.37）
合计	5334	2840（53.24）	2494（46.76）	1782（33.41）	3552（66.59）

最终纳入的研究对象人数为：2004年1363人、2006年1003人、2009年870人、2011年1047人、2015年1051人，总人数为5334人。男女比例基本均衡，其中，男生2840人，占53.24%；女生2494人，占46.76%。农村人数多于城市人数，城市人数为1782人，占33.41%；农村人数为3352人，占66.59%。

四、身体活动量的调查

身体活动主要可以分为四大类：交通性身体活动、职业性身体活动、家务性身体活动、锻炼性身体活动[1]。根据我国10~18岁青少年的现实情况以及CHNS的问卷内容，本研究中的青少年身体活动包括上下学交通性身体活动（步行或骑车）、学校体育活动、校外体育活动及家务性身体活动四个部分。CHNS项目关于身体活动的调查采用了国内外较为常用的频率和时长问卷调查方式，对研究对象的身体活动时长和频率进行调查。例如：通过询问"你上学、放学是采用哪种交通方式？""往返学校平均每天要花多长时间？（分钟）"来调查研究对象的上下学方式（步行或骑车）；通过询问"上周你是否做以下家务？""平均每天花多长时间？（分钟）"来调查研究对象的家务劳动情况。CHNS项目使用的调查问卷具有较高的可行度和有效度。

近年来，关于青少年身体活动量的研究日益深入，国内外多以时间、频率来测量青少年的身体活动量，其准确性还有待提高。20世纪90年代初，美国运动医学会（ACSM）和美国国家体育科学院前任主席芭芭拉·E.安斯沃思（Barbara E. Ainsworth）教授制定了完整的身体活动编码系统，这套系统对人类日常生活中的身体活动进行了分类，采用代谢当量（Metabolic Equivalent, MET）这一指标来评价各身体活动的强度[2]。代谢当量指的是身体活动的代谢率与标准静息代谢率的比值。1个单位的MET被认为是静坐期间（完全休息）机体的能量代谢水平。其后，芭芭拉·E.安斯沃思教授团队又于2000年[3]、

---

①Finkelstein A. The Aggregate Effects of Health Insurance：Evidence from the Introduction of Medicare［J］. The Quarterly Journal of Economics，2007，122（1）：1–37.

②Ainsworth B E，Haskell W L，Leon A S，et al. Compendium of Physical Activities：classification of energy costs of human physical activities［J］. Medicine & Science in Sports & Exercise，1993，25（1）：71–80.

③Ainsworth B E，Haskell W L，Whitt M C，et al. Compendium of Physical Activities：an Update of Activity Codes and MET Intensities［J］. Medicine & Science in Sports & Exercise，2000，32（9 Suppl）：498–504.

2011年[1]多次对该系统进行修订，并更新各身体活动对应的代谢当量。

2018年，美国贝勒医学院儿童营养研究中心的南希·F.巴特（Nancy F. Butte）提出儿童青少年的基础代谢率要高于成年人，随着儿童青少年年龄的增长，其基础代谢率逐步下降，成年人的代谢当量并不适用于儿童青少年。南希·F.巴特在前人研究的基础上构建了儿童青少年的身体活动的编码体系，将儿童青少年的196项身体活动分为了16个大类，并统计了儿童青少年每种身体活动的代谢当量（youth MET =METy）[2]。

本研究采用每周青少年参与各项身体活动（上下学交通性身体活动、家务性身体活动、学校体育活动、校外体育活动）所花费的时间（h/week）与青少年各身体活动所对应的代谢当量（METy）的乘积来评价青少年的身体活动量［METy·（h/week）］。每周身体活动总量为上下学交通性身体活动、家务性身体活动、学校体育活动、校外体育活动四类身体活动量的总和。

五、统计分析工具

本研究对2004年、2006年、2009年、2011年、2015年五轮调查中10～18岁的青少年进行了身体活动状况及其变化趋势的描述性统计和趋势性检验。

本研究数据来源于2004—2015年CHNS调查数据，数据的清理和分析主要运用SAS 9.4统计软件和R 3.6.1统计软件。图表均采用Excel绘制。运用ArcGIS 10.4软件进行空间分析、绘制成图等操作。

六、我国10～18岁青少年身体活动状况的研究

（一）研究对象

利用"中国健康与营养调查"（CHNS）项目最新的2015年数据，选择年龄段为10～18岁的青少年作为本研究的研究对象。调查的省份及直辖市为黑龙江省、辽宁省、北京市、上海市、重庆市、山东省、河南省、江苏省、浙江省、陕西省、湖

①Ainsworth BE. 2011 Compendium of physical activities : a second update of codes and MET values ［J］. Med Sci Sports Exerc，2011，43（8）：1575–1581.

②A Youth Compendium of Physical Activities：Activity Codes and Metabolic Intensities ［J］Medicine and Science in Sports and Exercise，2018，50（2）：246–256.

北省、湖南省、贵州省、广西壮族自治区、云南省。共1051名青少年纳入分析。

（二）统计学方法

运用SAS 9.4和R 3.6.1统计软件进行数据的清理和分析。按性别、城乡区域、省份分组，对研究对象的基本特征进行描述性统计。描述统计时，连续变量型数据若符合正态分布，使用均数和标准差来表示；若不呈正态分布，则使用中位数（$P25$、$P75$）。分类变量（性别、城乡地区、校外身体活动类型等）采用百分比的形式来表示。呈非正态分布的青少年身体活动量应用Kruskal-Wallis H检验来比较不同省份交通性身体活动、家务性身体活动、学校体育活动、校外体育活动以及身体活动总量的总体分布的差异，应用Mann-Whitney U检验来比较不同性别、城乡地区交通性身体活动、家务性身体活动、学校体育活动、校外体育活动以及身体活动总量的总体分布的差异。p值小于0.05说明差异具有统计学意义。

（三）不同性别、城乡地区、省份青少年身体活动量及其差异

本研究共纳入10～18岁青少年1051人，其中男性552人，女性499人。如表3-2所示，交通性身体活动量的中位数为6.67METy·h/week，家务性身体活动量的中位数为7.70METy·h/week，学校体育活动量的中位数为11.07METy·h/week，校外体育活动量的中位数为54.17METy·h/week，身体活动总量的中位数为34.38METy·h/week。校外体育活动量的中位水平最高，达到了54.17METy·h/week；中位水平最低的为交通性身体活动量，为6.67METy·h/week。可见，我国12个省份、直辖市、自治区10～18岁青少年不同类型身体活动的中位数从大到小依次为校外体育活动、学校体育活动、家务性身体活动、交通性身体活动。

不同性别、城乡地区组学校体育活动量（p值均<0.001）的总体分布具有显著性差异；男性的学校体育活动量高于女性，居住在城市的青少年学校体育活动量较高。不同性别组校外体育活动量（p值<0.001）的总体分布具有显著性差异；男性的校外体育活动量高于女性。不同性别、城乡地区组身体活动总量（p值均<0.001）的总体分布具有显著性差异；男性的身体活动总量高于女性，居住在城市的青少年身体活动总量高于居住在农村的青少年。

表3-2　不同性别、城乡地区、省份青少年的相关身体动量（单位：METy·h/week）

项目		交通性身体活动 P50（P25, P75）	p	家务性身体活动 P50（P25, P75）	p	学校体育活动 P50（P25, P75）	p	校外体育活动 P50（P25, P75）	p	身体活动总量 P50（P25, P75）	p
性别	男	6.67（5.00, 10.62）	0.978	7.16（3.85, 11.55）	0.1	12.17（6.93, 22.00）	<0.001	58.80（35.00, 99.83）	<0.001	40.00（15.33, 84.13）	<0.001
	女	6.67（3.33, 18.33）		7.70（5.37, 14.26）		10.00（4.67, 20.00）		42.67（21.50, 73.00）		27.33（10.24, 58.88）	
城乡	城市	6.67（3.33, 12.50）	0.6	7.70（5.37, 13.59）	0.274	14.00（6.67, 24.00）	<0.001	59.97（29.00, 99.67）	0.116	43.00（16.00, 87.13）	<0.001
地区	农村	6.67（5.00, 18.33）		7.51（3.85, 12.86）		10.00（5.00, 19.15）		50.00（27.33, 83.77）		28.00（10.60, 63.22）	
省份	北京	6.67（6.67, 10.00）	0.016	15.40（9.62, 21.58）	0.187	16.80（8.00, 26.00）	<0.001	93.00（41.25, 138.58）	0.00113	43.25（16.81, 117.42）	<0.001
	辽宁	10.00（5.00, 10.00）		3.38（2.68, 7.70）		10.00（3.33, 13.93）		47.83（32.50, 87.50）		17.40（8.63, 53.20）	
	黑龙江	6.67（3.33, 10.00）		15.57（10.37, 21.55）		8.00（4.00, 17.40）		53.00（32.17, 62.00）		12.00（4.00, 31.96）	
	上海	6.67（3.33, 23.33）		7.70（7.12, 9.80）		16.75（6.50, 27.50）		50.00（28.00, 66.00）		41.93（25.00, 70.00）	
	江苏	6.67（5.00, 10.00）		7.70（6.26, 20.30）		6.67（4.13, 16.15）		28.00（16.00, 60.67）		21.67（7.00, 54.89）	
	山东	3.33（3.33, 8.33）		6.53（5.95, 7.12）		9.67（5.50, 17.00）		36.00（21.00, 56.00）		30.00（12.57, 64.67）	
	河南	6.67（3.33, 10.00）		10.76（4.81, 13.08）		6.00（4.00, 14.00）		38.67（35.00, 44.00）		22.74（10.07, 51.54）	
	湖北	6.67（3.33, 10.00）		7.50（3.85, 10.67）		9.00（5.08, 14.27）		74.93（49.00, 97.75）		26.89（10.31, 79.61）	
	湖南	6.67（5.00, 10.00）		7.03（5.47, 8.57）		10.70（6.00, 32.00）		64.50（37.00, 113.50）		43.12（18.00, 77.33）	
	广西	8.33（5.00, 27.50）		7.70（5.37, 11.90）		13.42（9.00, 19.17）		56.00（26.67, 76.00）		29.65（12.56, 60.88）	
	贵州	10.00（6.67, 35.00）		5.37（3.85, 11.61）		10.17（5.00, 20.40）		68.30（37.00, 97.58）		55.80（21.95, 99.38）	
	重庆	6.67（3.33, 20.00）		6.64（4.19, 11.55）		12.67（5.80, 25.93）		35.67（20.00, 77.07）		35.00（14.39, 60.76）	
全国		6.67（5.00, 17.08）		7.70（3.98, 13.65）		11.07（5.67, 20.40）		54.17（28.00, 90.25）		34.38（12.22, 70.32）	

不同省份组交通性身体活动量、学校体育活动量、校外体育活动量、身体活动总量（p值分别为0.016、<0.001、0.00113和<0.001）的总体分布具有显著性差异。

在交通性身体活动方面，贵州省、辽宁省和广西壮族自治区10～18岁被调查人群比其他被调查省份人群的交通性身体活动量高，贵州省和辽宁省的中位数均为10.00METy·h/week，广西壮族自治区的中位数为8.33METy·h/week。交通性身体活动量最低的为山东省，中位数仅为3.33METy·h/week。

在学校体育活动方面，北京市和上海市10～18岁被调查人群的学校体育活动量最高，中位数分别达到16.80METy·h/week和16.75METy·h/week。其次是广西壮族自治区和重庆市，中位数分别为13.42METy·h/week和12.67METy·h/week。学校体育活动量最低的为河南省，中位数为6.00METy·h/week。

在校外体育活动方面，北京市10～18岁被调查人群的校外体育活动量最高，中位数达到93.00METy·h/week。其次依次是湖北省、贵州省和湖南省，中位数分别是74.93METy·h/week、68.30METy·h/week和64.50METy·h/week。校外体育活动量最低的为江苏省，中位数为28.00METy·h/week。

在身体活动总量方面，最高的依次为贵州省、北京市、湖南省、上海市，中位数分别为55.80METy·h/week、43.25METy·h/week、43.12METy·h/week、41.93METy·h/week。身体活动总量最低的为黑龙江省，中位数为12.00METy·h/week。

综合四个方面的情况来看，贵州省、北京市、上海市在这四个方面的整体表现高于其他被调查省份，河南省、江苏省相较于其他省份身体活动的整体水平低。

（四）不同性别、城乡地区、省份青少年身体活动达标率

2017年11月，上海儿童医学中心、上海体育学院、复旦大学附属儿科医院联合在《中国循证儿科杂志》上发布了《中国儿童青少年身体活动指南》[1]。《中国儿童青少年身体活动指南》为我国第一部专门针对儿童青少年群体的身体活动指南，该指南在总结全世界28个儿童青少年身体活动指南经验的基础上，首次推出我国儿童青少年身体活动的推荐量。《中国儿童青少年身体

---

[1]张云婷，马生霞，陈畅，等.中国儿童青少年身体活动指南［J］.中国循证儿科杂志，2017，12（6）：401-409.

活动指南》按强度将身体活动划分为低强度、中等强度、高强度。代谢当量在1.5~2.9MET的身体活动为低强度身体活动；代谢当量为3.0~5.9MET的身体活动为中等强度身体活动；代谢当量≥6.0MET的身体活动为高强度身体活动，与国外身体活动强度的划分保持一致[①]。《中国儿童青少年身体活动指南》的推荐量为每天不少于60分钟的中高强度身体活动，其中包含不少于3天的高强度身体活动和抗阻训练，也就是说每周的身体活动量不得低于30METy·h/week。

从表3-3可以看出，我国12个省份、直辖市、自治区10~18岁青少年每周身体活动达到推荐量的比率为40.82%；男性青少年为44.74%，高于女性的36.47%；城市青少年和农村青少年的比率分别为50.82%和35.52%。从各个省

表3-3 不同性别、城乡地区、省份青少年身体活动量达标率

分类	组别	身体活动量未达标率（％）	身体活动量达标率（％）
性别	男	55.26	44.74
	女	63.53	36.47
城乡地区	城市	49.18	50.82
	农村	64.48	35.52
省份	北京	48.84	51.16
	辽宁	79.71	20.29
	黑龙江	79.63	20.37
	上海	41.86	58.14
	江苏	77.42	22.58
	山东	74.65	25.35
	河南	68.18	31.82
	湖北	74.39	25.61
	湖南	36.59	63.41
	广西	55.07	44.93
	贵州	36.04	63.96
	重庆	63.96	36.07
合计		59.18	40.82

---

①Ainsworth B. 2011 Compendium of physical activities : a second update of codes and MET values［J］. Med Sci Sports Exerc，2011，43（8）：1575-1581.

份、直辖市、自治区的情况来看，每周身体活动达到推荐量的比率最高的是：贵州省、湖南省、上海市、北京市，湖北省、山东省、辽宁省、江苏省、黑龙江省达标率较低，且比率均未达到30%。

（五）不同性别、城乡地区、省份青少年身体活动参与率及其差异

不同性别、城乡地区和省份组间率的比较采用皮尔森卡方检验（Pearson's Chi-squared Test），显著性水准 α =0.05。

如表3-4所示，本研究共纳入我国12个省份、直辖市、自治区10～18岁青少年1051人，其中男性占52.52%，女性占47.48；城市人口占34.63%，农村人

表3-4 不同性别、城乡地区、省份青少年参与不同类型身体活动的比率

分类	组别	人数（n）	构成比（%）	交通性身体活动参与率（%）	家务性身体活动参与率（%）	校外体育活动参与率（%）
性别	男	552	52.52	46.62	13.23	36.05
	女	499	47.48	45.09	24.65	28.26
	statistic			0.059	24.822	7.152
	p			0.808	<0.001	0.007
城乡地区	城市	364	34.63	49.18	19.51	40.11
	农村	687	65.37	43.81	18.20	28.24
	statistic			2.679	0.324	15.245
	p			0.102	0.569	<0.001
省份	北京	86	8.18	45.35	17.44	44.19
	辽宁	69	6.57	68.12	13.04	36.23
	黑龙江	54	5.14	38.89	9.26	22.22
	上海	86	8.18	41.86	8.14	47.67
	江苏	62	5.90	17.74	9.68	33.87
	山东	71	6.76	28.17	5.63	39.44
	河南	88	8.37	45.45	20.45	28.41
	湖北	82	7.80	34.15	20.73	23.17
	湖南	82	7.80	65.85	10.98	39.02
	广西	138	13.13	48.55	36.96	20.29
	贵州	111	10.56	67.57	28.83	45.95
	重庆	122	11.61	34.43	18.85	16.39
	statistic			80.819	65.281	49.963
	p			<0.001	<0.001	<0.001
全国		1051	100	45.67	18.65	32.35

口占65.37%。12个省份、直辖市、自治区10～18岁青少年参加交通性身体活动的比率为45.67%，参加家务性身体活动的比率为18.65%，参加校外体育活动的比率为32.35%。

1. 交通性身体活动状况

对我国12个省份、直辖市、自治区10～18岁青少年交通性身体活动数据的分析结果显示，全国采用步行和骑行作为上下学通勤方式的青少年占45.67%，搭乘公共汽车、地铁、小汽车、出租车、别人的自行车和摩托车等其他方式的青少年占54.33%。采用步行和骑行作为上下学通勤方式的青少年人数最多的省份为辽宁省，占所有通勤方式的68.12%；其次是贵州省、湖南省，分别占67.57%、65.85%。其他9个省份、直辖市、自治区占比低于50%，分别是广西壮族自治区、河南省、北京市、上海市、黑龙江省、重庆市、湖北省、山东省和江苏省，人数最少的江苏省占比为17.74%（图3-1）。

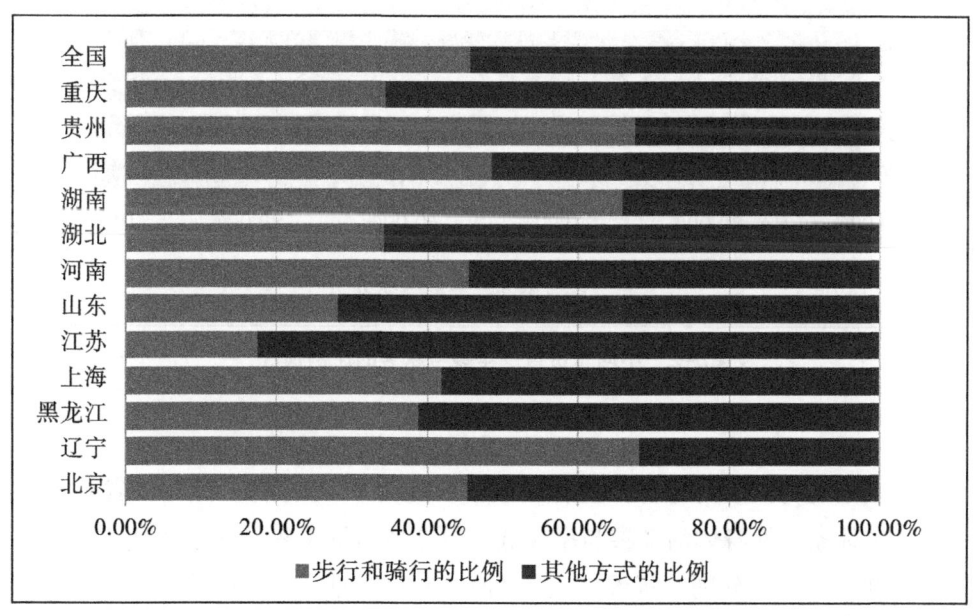

图3-1　不同省份青少年上下学通勤方式的比例情况

2. 家务性身体活动状况

如图3-2所示，我国12个省份、直辖市、自治区10～18岁青少年参与家务性身体活动的仅占18.65%，81.35%的青少年完全不参与家务性身体活动。家务性身体活动参与率最低的省份为山东省、上海市、黑龙江省和江苏省，参与率分别为5.63%、8.14%、9.26%和9.68%。家务性身体活动参与率最高的省份为广西壮族自治区，参与率为36.96%。所有被调查省份的青少年家务性身体活动参与率均未超过50%。

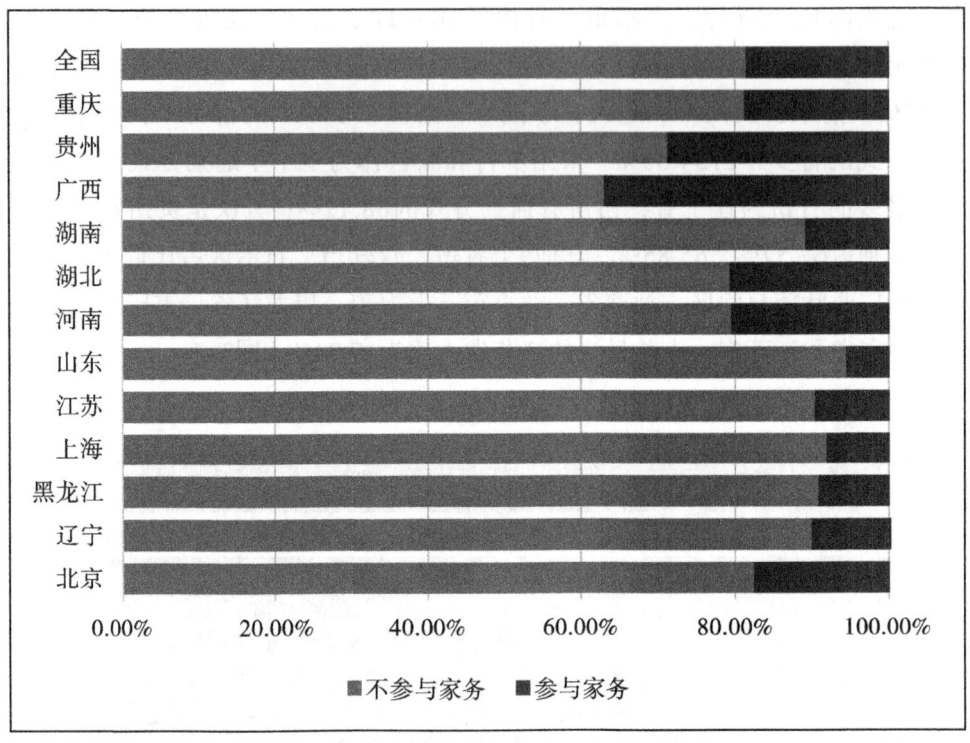

图3-2　不同省份青少年参与家务的比例情况

全国平均每天参与家务性身体活动的时长为37.06分钟。黑龙江省、江苏省虽然整体家务性身体活动参与率较低，但是平均每天参与家务性身体活动的时长排在前两位，分别为每天56.67分钟和55.00分钟。平均每天参与家务性身体活动时长最低的是山东省和辽宁省，分别为每天20.00分钟和18.00分钟。值得引起重视的是山东省，不仅家务性身体活动的参与率较低，而且平均每天参与家务性身体活动的时长也较短（图3-3）。

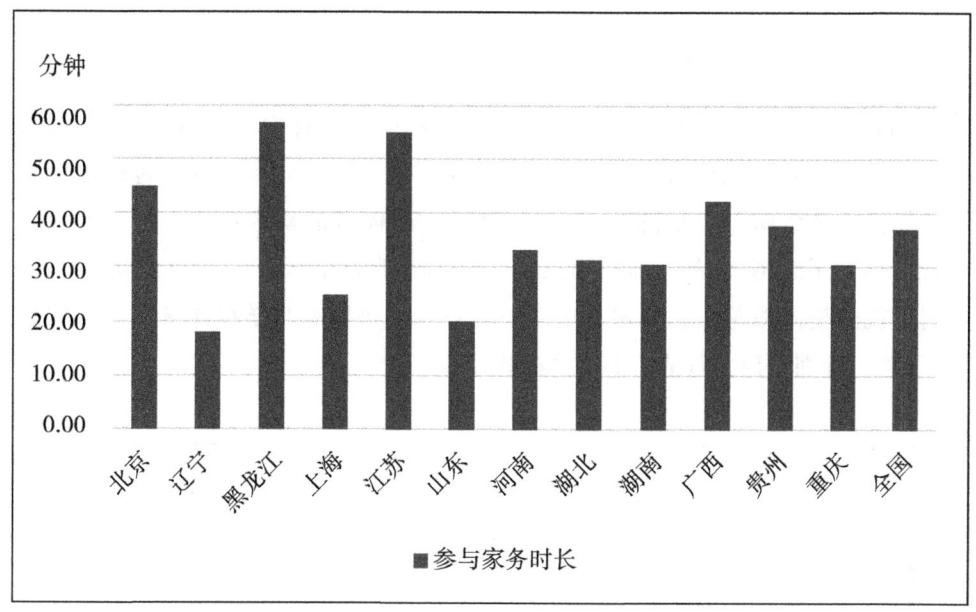

图3-3　不同省份青少年平均每天参与家务的时长情况

分析结果显示，男性参与家务性身体活动的比例为13.32%，有86.77%的男性不参与家务性身体活动；女性参与家务性身体活动的比例高于男性，达到24.65%（图3 4）。

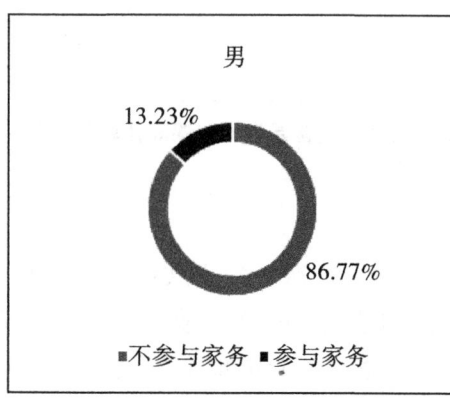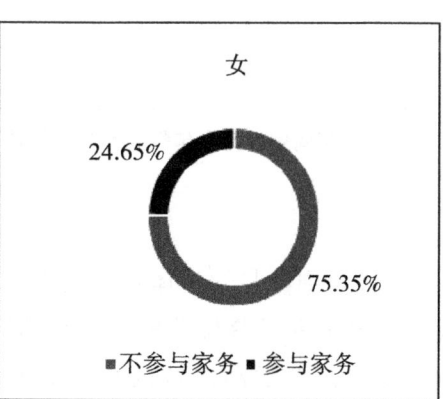

图3-4　不同性别青少年参与家务的比例情况

3. 学校体育活动状况

2015年CHNS项目的数据分析显示，我国12个省份、直辖市、自治区10～18岁青少年每周参与学校体育活动次数的均值为5.50次（其中包括学校教学计划内的体育课）。如图3-5所示，参与学校体育活动次数均值最高的为辽宁省，达到了9.26次/周。排在第二的是广西壮族自治区，为6.69次/周。值得引起重视的是，黑龙江、贵州、山东三省青少年每周参与学校体育活动的次数低于5次，特别是黑龙江省，仅为3.68次/周。

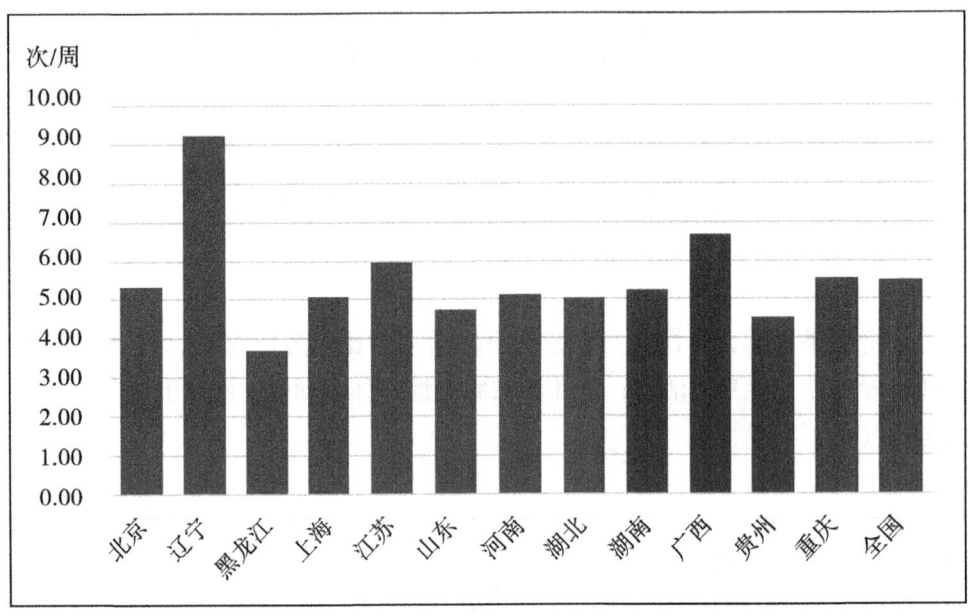

图3-5　不同省份青少年每周参与学校体育活动次数（包含课堂上和课间休息时间）

男性每周参与学校体育活动次数的均值为5.75次，多于女性的5.25次。城市青少年每周参与学校体育活动次数的均值为5.60次，农村青少年每周参与学校体育活动次数的均值为5.45次，城市青少年稍多于农村青少年（图3-6）。

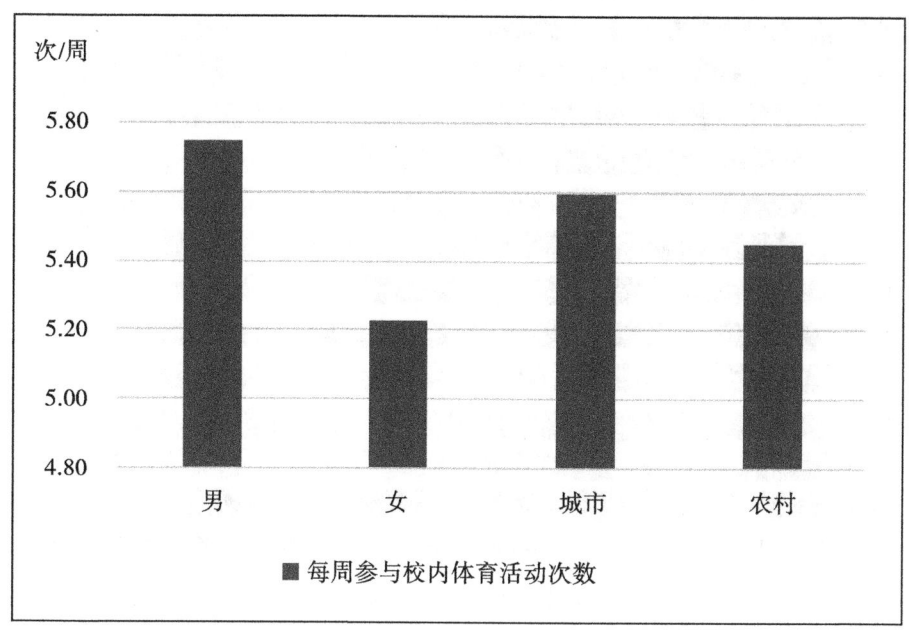

图3-6　不同性别、城乡地区青少年每周参与学校体育活动次数

（包含课堂和课间休息时间）

4. 校外体育活动状况

　　如图3-7所示，我国12个省份、直辖市、自治区10～18岁青少年参与校外体育活动的占40.70%，59.30%的青少年完全不参与校外体育活动。仅北京市和贵州省两地的校外体育活动参与率高于50%。校外体育活动参与率最高的省份依次是北京市、贵州省、湖南省、山东省、上海市，分别为53.95%、51.49%、46.67%、46.34%、42.47%。校外体育活动参与率最低的省份为黑龙江省，为20%。

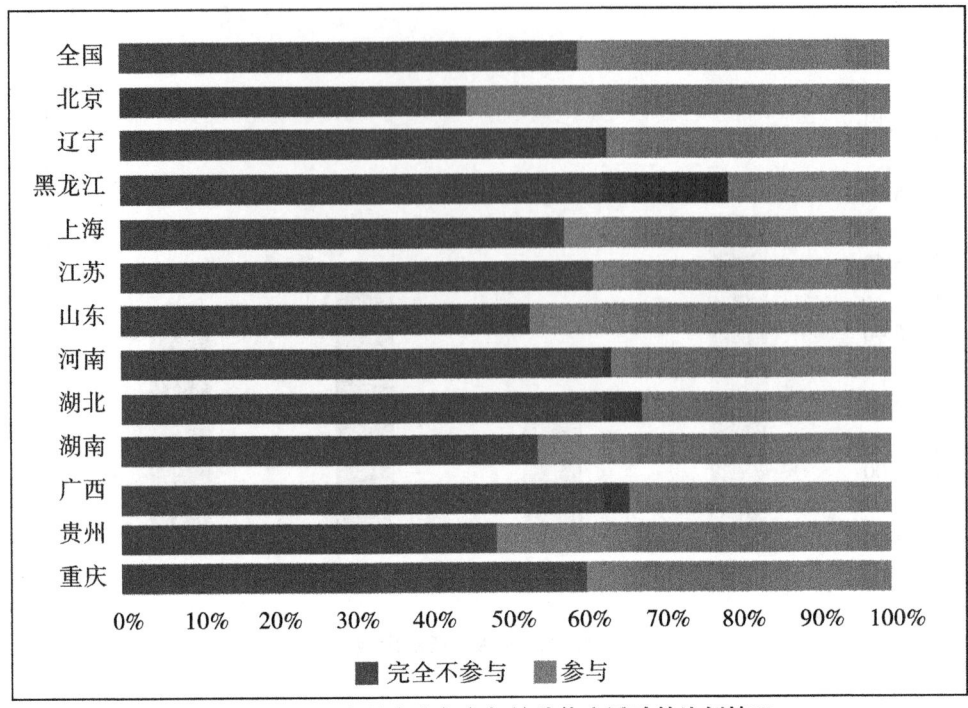

图3-7　不同省份青少年参与校外体育活动的比例情况

　　我国12个省份、直辖市、自治区10~18岁青少年平均每周参与校外体育活动的次数为3.36次。每周参与校外体育活动次数最多的省份为辽宁省，平均每周6.64次。平均每周参与校外体育活动次数最少的是上海市，为2.65次（图3-8）。

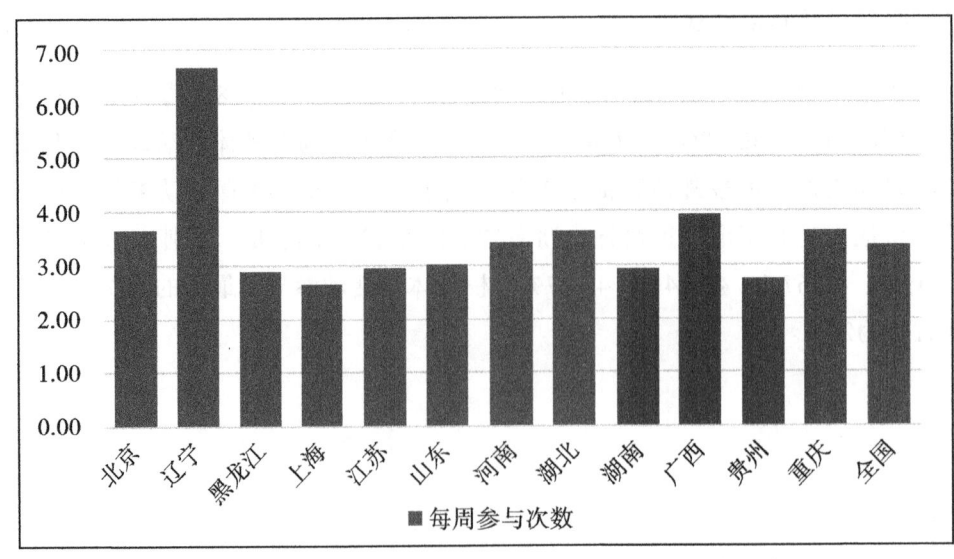

图3-8　不同省份青少年平均每周参与校外体育活动次数情况

男性青少年参与校外体育活动的比例为36.05%，有63.95%的男性青少年不参与校外体育活动；女性青少年参与校外体育活动的比例低于男性，为28.26%，不参与校外体育活动的占71.74%（图3-9）。

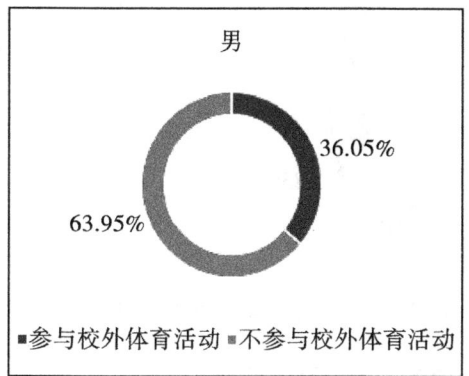
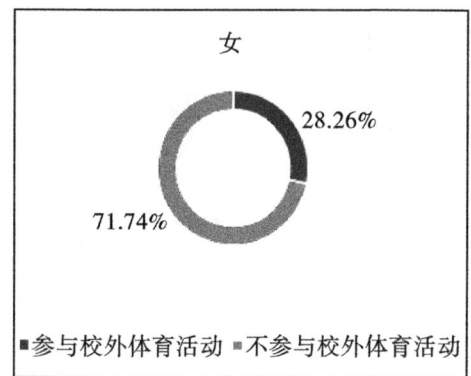

图3-9 不同性别青少年参与校外体育活动的比例情况

城市青少年参与校外体育活动的比例为40.11%，农村青少年参与校外体育活动比例为28.24%，城市青少年参与校外体育活动的比例高于农村青少年（图3-10）。

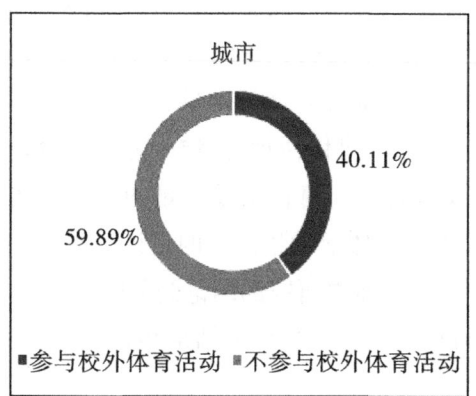
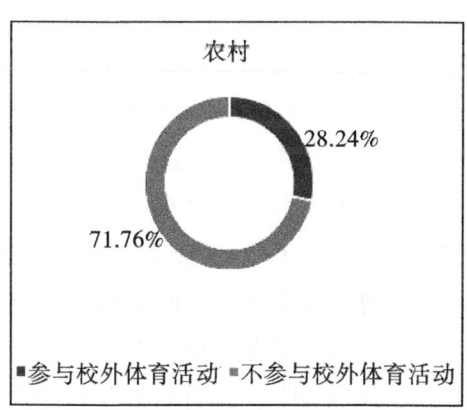

图3-10 不同城乡地区青少年参与校外体育活动的比例情况

2015年CHNS项目对青少年参与校外体育活动的运动项目进行了调查。由图3-11可知，参与人数最多的校外体育活动项目是球类运动，占所有项目的35.29%；排在第二的是田径、游泳，占26.32%；排在第三的是散步，占16.72%；参与人数最少的运动项目是武术，不足1%，仅占0.93%。

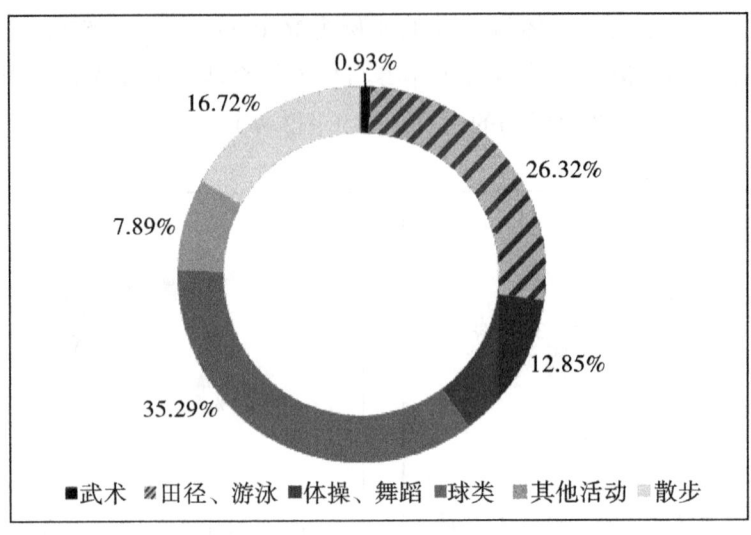

图3-11　青少年参与校外体育活动的运动项目比例情况

（六）小结

本研究利用"中国健康与营养调查"（CHNS）项目数据分析了2015年我国12个省份、直辖市、自治区10～18岁青少年身体活动状况。为了提高青少年身体活动评价的合理性，本研究采用了国际上较为先进的青少年代谢当量（METy）与身体活动时间相结合的方法，从交通性身体活动量、家务性身体活动量、学校体育活动量、校外体育活动量以及身体活动总量5个方面综合评价青少年的身体活动状况。研究发现，我国青少年身体活动总量的中位数为34.38METy·h/week，根据《中国儿童青少年身体活动指南》的建议，青少年每周的身体活动量不得低于30METy·h/week，而本研究的结论为只有40.82%的青少年达到了每周身体活动推荐量，与范卉颖等人的研究结果相近①；男性青少年为44.74%，高于女性的36.47%。

校外体育活动量的中位数最高，为54.17METy·h/week。最受青少年欢迎的校外体育活动是球类。但是值得注意的是，校外体育活动的参与率仅为40.70%，有59.30%的青少年完全不参与校外体育活动；女性青少年校外体育

---

①范卉颖，唐炎，张加林.上海市青少年运动意愿及其影响因素［J］.上海体育学院学报，2017，41（3）：48-53，63.

活动的参与率和活动量均低于男性青少年，与之前的研究基本一致[1]。另外，可能由于农村地区体育设施不足[2]，居住在农村的青少年校外体育活动的参与率低于居住在城市的青少年。

学校体育活动量的中位数为11.07METy·h/week，青少年每周参与学校体育活动次数的均值为5.50次。北京市和上海市10～18岁被调查人群的学校体育活动量最高，学校体育活动量最低的为河南省。从学校体育活动的周平均次数来看，每周参与学校体育活动次数均值最高的为辽宁省，达到了9.26次/周。排在第二的是广西壮族自治区，为6.69次/周。值得引起重视的是，黑龙江、贵州、山东三省青少年每周参与学校体育活动的次数低于5次。

家务性身体活动量的中位数为7.70 METy·h/week，所有调查人群平均每天参与家务性身体活动时长的为37.06分钟。根据数据分析的结果显示，青少年家务性身体活动的参与状况堪忧。我国12个省份、直辖市、自治区10～18岁青少年参与家务性身体活动的仅占18.65%，81.35%的青少年完全不参与家务性身体活动。所有被调查省份的青少年家务性身体活动参与率均未超过50%。特别是山东省，不仅家务性身体活动的参与率较低，平均每天参与家务性身体活动的时长也较短。女性青少年家务性身体活动的参与率显著高于男性，与之前的调查结果一致[3][4][5]。

交通性身体活动量的中位数为6.67 METy·h/week，是四种类型身体活动当中中位数水平最低的。采用步行和骑行作为上下学通勤方式的青少年占45.67%，搭乘公共汽车、地铁、小汽车、出租车、别人的自行车和摩托车等其他方式的青少年占54.33%。贵州省、辽宁省和广西壮族自治区10～18岁被调查人群比其他省份人群的交通性身体活动量高，交通性身体活动量最低的为山东省。

---

[1] 张丹青，路瑛丽，刘阳.身体活动和静态生活方式的影响因素——基于我国儿童青少年的系统综述 [J].体育科学，2019，39（12）：62-75.

[2] 程改平，曾果，刘婧，等.家庭环境对学龄儿童身体活动的影响 [J].中国学校卫生，2009，30 （10）：903-904.

[3] 刘爱玲，胡小琪，栾德春，等.我国中小学生参加家务劳动情况分析 [J].中国学校卫生，2008，29 （12）：1071-1073.

[4] 裘晓兰.成才与成人：青少年家务参与状况折射出的教育问题 [J].当代青年研究，2015（5）： 19-24.

[5] 王琪延，郭茜.从时间分配看青少年生活方式 [J].中国统计，2007（9）：27.

七、我国10~18岁青少年身体活动变化趋势的研究

（一）研究对象

运用"中国健康与营养调查"（CHNS）项目2004—2015年五轮的调查数据，描述我国10~18岁青少年身体活动的变化趋势。由于早期部分地区调查数据缺失，选取辽宁省、黑龙江省、江苏省、山东省、河南省、湖北省、湖南省、广西壮族自治区和贵州省9个省份、自治区10~18岁的青少年作为本研究的研究对象，剔除北京市、上海市和重庆市。本研究应用每周青少年参与各项身体活动（交通性身体活动、家务性身体活动、学校体育活动、校外体育活动）所花费的时间（h/week）与青少年各身体活动所对应的代谢当量（METy）的乘积来评价青少年的身体活动量（METy·h/week）。

（二）统计学方法

运用SAS 9.4和R 3.6.1统计软件进行数据的清理和合并。采用Kruskal–Wallis H秩和检验分析，$p<0.05$表明具有统计学意义。

（三）2004—2015年青少年相关身体活动量的变化趋势

CHNS调查结果显示，2004—2015年我国9个省份、自治区10~18岁青少年身体活动总量中位数逐年上升，从26METy·h/week上升到34.38METy·h/week。家务性身体活动量从7.02METy·h/week上升至7.70METy·h/week。2004—2011年学校体育活动量持续上升，达到13.33METy·h/week，但2015年下降至11.07METy·h/week。2004—2015年，交通性身体活动量中位数均为6.67METy·h/week，但P75变化较大。校外体育活动组的p值为0.134，说明2004—2015年校外体育活动量的变化不显著（表3-5）。

表3-5　2004—2015年青少年的相关身体活动量

项目	交通性身体活动量 中位数 （四分位间距）	家务性身体活动量 中位数 （四分位间距）	学校体育活动量 中位数 （四分位间距）	校外体育活动量 中位数 （四分位间距）	身体活动总量 中位数 （四分位间距）
H	21.499	45.632	13.731	7.038	41.627
p	<0.001 ***	<0.001 ***	0.00821 ***	0.134	<0.001 ***
2004	6.67 (3.33, 10.00)	7.02 (3.85, 13.21)	12.50 (7.50, 22.42)	47.00 (27.73, 77.50)	26.00 (11.88, 56.00)
2006	6.67 (5.00, 10.00)	7.85 (3.85, 15.75)	12.00 (7.33, 21.65)	42.93 (24.75, 72.08)	26.80 (13.33, 56.67)
2009	6.67 (5.00, 16.67)	9.22 (3.85, 15.90)	13.00 (7.33, 23.70)	46.00 (28.00, 77.00)	35.33 (16.00, 67.87)
2011	6.67 (5.00, 10.00)	11.55 (5.78, 19.25)	13.33 (7.50, 22.38)	44.00 (26.17, 79.42)	35.54 (15.00, 68.86)
2015	6.67 (5.00, 17.08)	7.70 (3.98, 13.65)	11.07 (5.67, 20.40)	54.17 (28.00, 90.25)	34.38 (12.22, 70.32)

（单位：METy·h/week，检验方法：Kruskal-Wallis H 检验）

表3-6为2004—2015年我国9个省份、自治区10～18岁青少年身体活动总量变化趋势表。可以看出，2004—2015年，不同省份组身体活动总量（p值分别为0.016、<0.001、0.00113和<0.001）的总体分布具有显著性差异。

表3-6　2004—2015年我国9个省份、自治区青少年身体活动总量

项目	2004			2006			2009			2011			2015		
	身体活动总量 P50	统计数学	p	身体活动总量 P50	统计数学	p	身体活动总量 P50	统计数学	p	身体活动总量 P50	统计数学	p	身体活动总量 P50	统计数学	p
辽宁	25.86	39.586	<0.001	20.70	37.842	<0.001	28.30	29.095	<0.001	38.81	76.752	<0.001	17.40	57.228	<0.001
黑龙江	24.19			23.64			40.83			26.40			12.00		
江苏	17.93			25.55			38.66			27.00			21.67		
山东	22.62			19.30			23.52			18.87			30.00		
河南	18.67			24.00			19.50			13.79			22.74		
湖北	29.22			26.02			36.53			24.82			26.89		
湖南	35.00			34.00			49.01			42.17			43.12		
广西	20.83			38.00			41.42			37.28			29.65		
贵州	42.24			40.02			37.26			45.10			55.80		

（单位：METy・h/week，检验方法：Kruskal-Wallis H检验）

2004年青少年每周身体活动总量中位数达到40 METy・h/week的省份为贵州省，低于20METy・h/week的省份有河南省和江苏省。2004—2009年，各省青少年每周身体活动总量的中位数逐渐提高，在2009年达到顶峰，青少年每周身体活动总量中位数达到40METy・h/week的省份有3个，分别是黑龙江省、湖南省、广西壮族自治区，低于25 METy・h/week的省份仅有山东省和河南省；2009—2015年，各省青少年每周身体活动总量又出现逐渐下滑的趋势。由于2007年中共中央、国务院颁布的《关于加强青少年体育增强青少年体质的意

见》（中共中央、国务院颁布的首部青少年体育工作文件）中明确提出学生学业减负、每天锻炼1小时，以及2008年在我国北京举办的奥运会，在国家政策和北京2008年奥运会的双双驱动下，各地都十分重视青少年体质工作，我国青少年身体活动量逐步提高。随着时间的推移，驱动力逐渐弱化，各省身体活动量开始出现回落。

（四）2004—2015年青少年相关身体活动参与率的变化趋势

不同年份组间率的比较采用皮尔森卡方检验（Pearson's Chi-squared Test），显著性水准 α =0.05。

表3-7　2004—2015年我国9个省份、自治区青少年相关身体活动参与率

项　　目		2004年 参与率 （%）	2006年 参与率 （%）	2009年 参与率 （%）	2011年 参与率 （%）	2015年 参与率 （%）	χ^2	p
交通性 身体 活动	总体	49.75	44.99	58.94	53.20	42.67	66.804	<0.001
	男	45.66	44.30	59.84	52.42	43.12	41.849	<0.001
	女	54.52	45.78	57.83	54.02	42.15	33.965	<0.001
	城市	46.01	37.24	55.95	45.06	47.41	20.800	<0.001
	农村	51.40	48.70	60.13	58.70	40.19	72.189	<0.001
家务性 身体 活动	总体	32.57	35.54	41.63	36.05	17.42	161.291	<0.001
	男	27.24	28.93	36.07	29.44	12.27	90.217	<0.001
	女	38.79	43.25	48.48	43.10	23.37	75.953	<0.001
	城市	30.28	31.53	44.44	28.74	18.91	48.558	<0.001
	农村	33.58	37.46	40.51	40.99	16.64	129.488	<0.001
校外 体育 活动	总体	26.38	27.65	36.09	36.14	30.22	43.651	<0.001
	男	32.98	32.91	42.83	43.09	33.67	27.962	<0.001
	女	18.69	21.52	27.78	28.74	26.25	22.273	<0.001
	城市	31.22	32.13	45.63	41.38	38.60	21.385	<0.001
	农村	24.25	25.50	32.28	32.61	25.85	129.488	<0.001

　　由图3-12可以看出，2004—2015年我国9个省份、自治区10～18岁青少年交通性身体活动参与率波动较大，即2004—2006年，交通性身体活动参与率出现小幅下降，随后2006—2009年，交通性身体活动参与率开始上扬，但2009年以后，交通性身体活动参与率开始出现明显的下滑。2004—2015年男性青少年和女性青少年的交通性身体活动参与率呈现出相似的变化趋势。2004—2011年，农村青少年的交通性身体活动参与率一直高于城市青少年，但在2015年农村青少年的交通性身体活动参与率出现显著的下降，而城市青少年的参与率小幅上涨，超过了农村青少年的参与率。

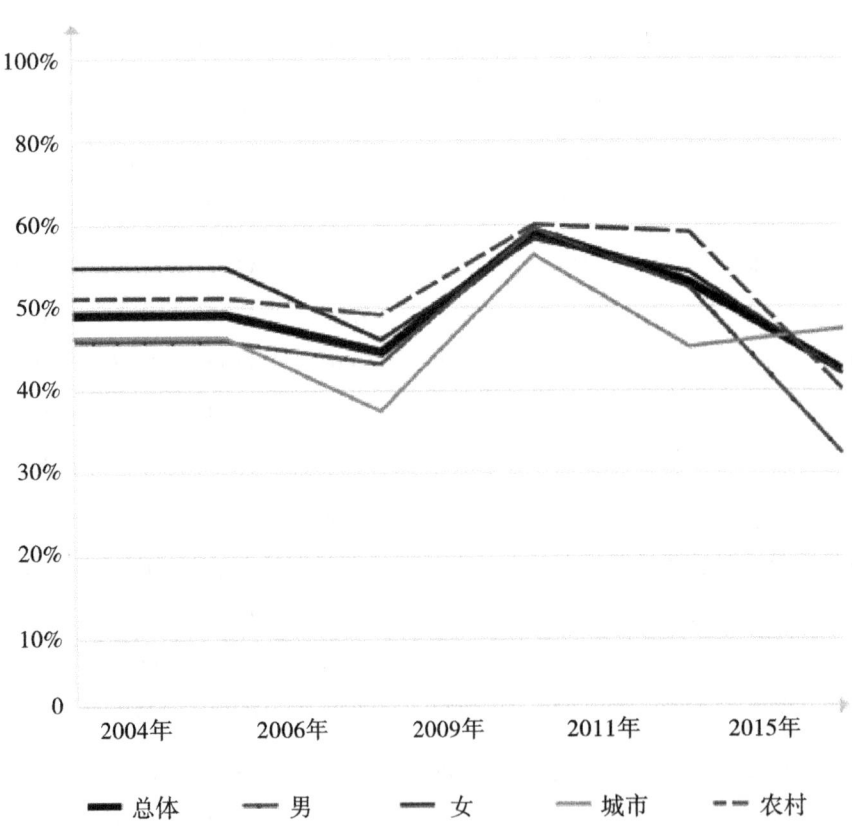

图3-12　2004—2015年我国青少年交通性身体活动参与率变化趋势图

　　由图3-13可以看出，2004—2009年我国9个省份、自治区10～18岁青少年总体家务性身体活动参与率明显上涨，但坡度较为平缓，但从2009年之后，出现了明显的递减。到2015年，男性青少年、城市青少年、农村青少年家务性身体活动参与率均低于20%，以男性青少年、农村青少年参与率下降尤为明显。2004—2015年，女性青少年家务性身体活动参与率整体高于男性青少年。2004—2015年我国9个省份、自治区10～18岁青少年家务性身体活动参与率整体呈下降的趋势。

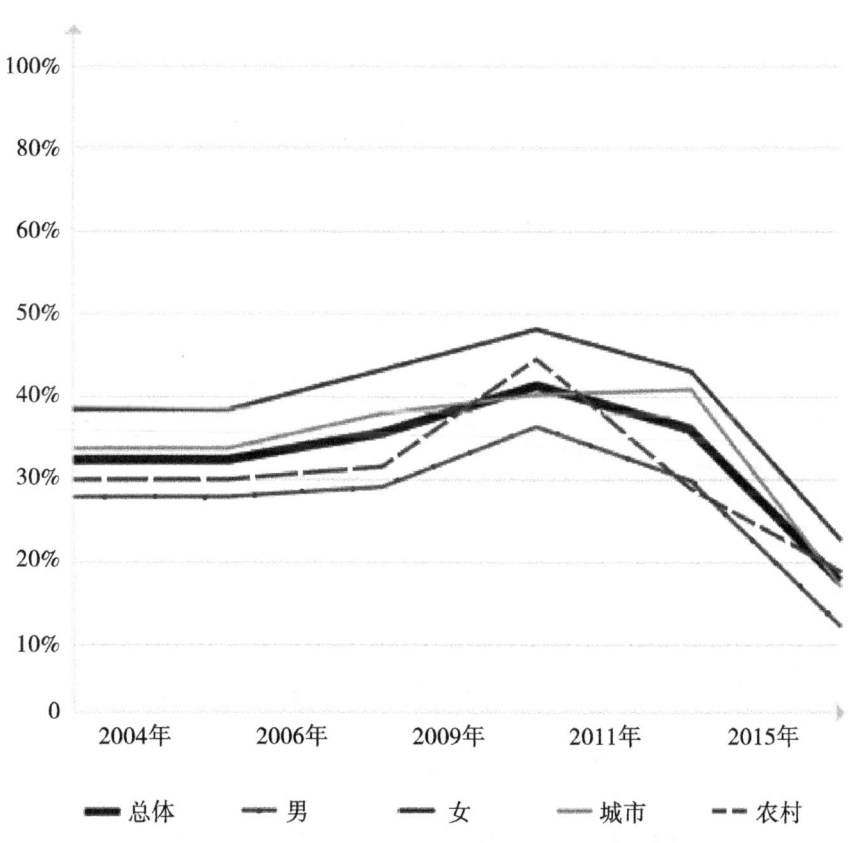

图3-13　2004—2015年我国青少年家务性身体活动参与率变化趋势图

　　由图3-14可以看出，2004—2015年我国9个省份、自治区10～18岁青少年校外体育活动参与率整体呈小幅上升趋势。男性青少年、女性青少年、农村青少年的变化趋势较为一致，即2004—2011年，校外体育活动参与率逐步递增，但2015年出现小幅回落。城市青少年校外体育活动参与率在2006—2009年出现陡增，但随即开始下降。2004—2015年男性青少年校外体育活动参与率整体高于女性青少年，城市青少年整体高于农村青少年。

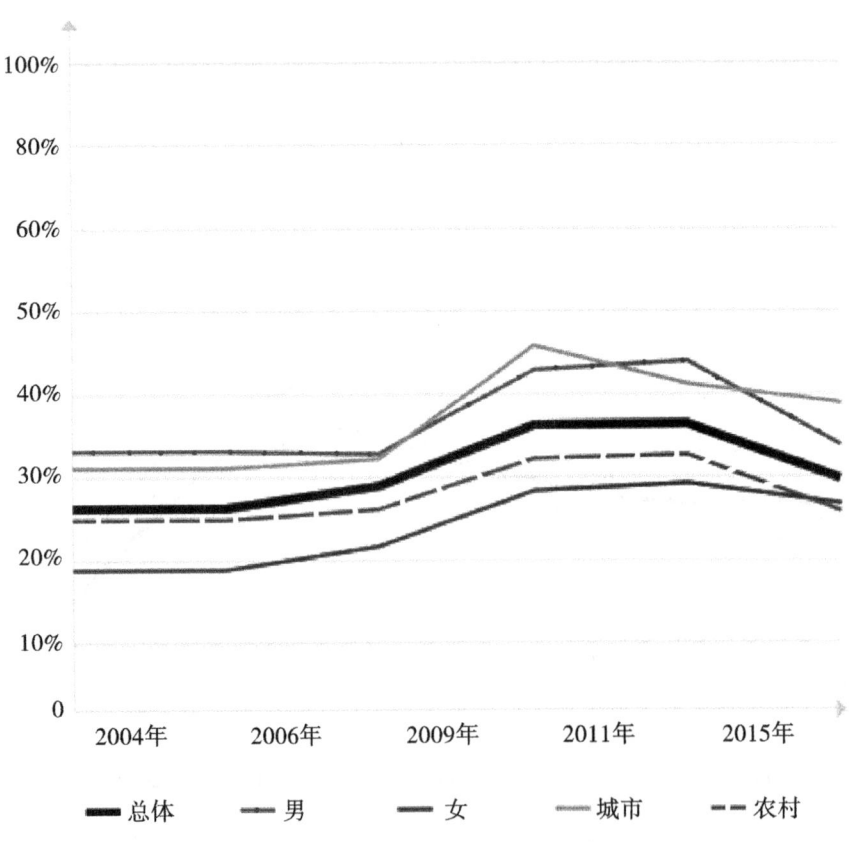

图3-14　2004—2015年我国青少年校外体育活动参与率变化趋势图

（五）小结

本研究利用"中国健康与营养调查"（CHNS）项目数据分析了2004—2015年我国9个省份、自治区10～18岁青少年身体活动的变化趋势。2004—2009年，各省青少年每周身体活动总量中位数逐渐提高，在2009年达到顶峰，青少年每周身体活动总量中位数达到40 METy·h/week的省份有3个，分别是黑龙江省、湖南省、贵州省，2009—2015年，各省青少年每周身体活动总量又呈现逐渐下滑的趋势。

从2004—2015年青少年交通性身体活动参与率的变化趋势来看，整体呈波浪型，2009年达到顶峰后，出现下滑。2004—2015年青少年家务性身体活动的参与率整体呈现出下降的趋势，同样是在2009—2011年达到顶峰后出现"断崖式"的下滑。2004—2015年青少年校外体育活动的参与率呈小幅上升的趋势，但2015年略有回落。女性青少年在交通性身体活动参与率和家务性身体活动参与率两方面总体上高于男性青少年，男性青少年在校外体育活动参与率上显著高于女性青少年。农村青少年交通性身体活动参与率总体上优于城市青少年，但在校外体育活动参与率方面显著低于城市青少年。在家务性身体活动方面，城市青少年和农村青少年均呈下滑态势。

八、讨论

（一）学校体育活动

周一到周五青少年超过50%的清醒时间会在学校度过，这也使学校成为为青少年提供身体活动最为重要的场所[1]。按照《中国儿童青少年身体活动指南》的要求，青少年每日应该至少进行60分钟的中高强度身体活动（MVPA），一周3次、一次45分钟的学校体育课显然无法满足青少年中高强

---

[1]Carlson J A, Sallis J F, Chriqui J F, et al. State Policies About Physical Activity Minutes in Physical Education or During School [J]. Journal of School Health, 2013, 83（3）: 150-156.

度身体活动要求。在2008年，全美运动与体育教育协会（National Association for Sport & Physical Education，NASPE）制订了综合学校身体活动计划（Comprehensive School Physical Activity Program，CSPAP），该计划指出开展多种多样的学校体育活动是促进青少年身体活动的重要因素。科学地利用短暂的课间休息时间也可以有效地增加青少年每日身体活动的总量。鉴于此，在注重常规体育课教学活动的同时，还要重视青少年在校期间体育课之外的身体活动，如早操、课间游戏、课外活动等。

（二）校外体育活动

校外体育活动是对学校体育活动的必要补充，是提高青少年体质水平的重要途径。2007年，中共中央、国务院《关于加强青少年体育增强青少年体质的意见》要求："通过开展丰富多彩的校外体育活动和团队活动，充实课外生活，努力把更多的青少年吸引到健康向上的体育活动中来"[1]。之前学者的研究表明，学业压力和屏前娱乐是校外体育活动不足的主要原因[2][3][4]，此外，学业压力和屏前娱乐还是青少年近视低龄化的主要因素，如何缓解青少年的学业压力、减少青少年的屏前娱乐时间成为亟待解决的问题。20世纪90年代，针对青少年体育活动参与率下降和体质下降的严峻问题，英国政府提出了"两小时或更长时间的高质量体育教育计划"，然而该计划的实施并未有效遏制英国青少年体质持续下行的趋势。随后，英国政府将目光从学校体育教育转移到了校外，开始充分重视社区体育和体育俱乐部的作用，为青少年提供了丰富的校外体育活动资源[5]。英国政府的上述做法值得借鉴。

---

[1] 国务院办公厅. 中共中央、国务院关于加强青少年体育增强青少年体质的意见［EB/OL］.（2007-05-07）［2020-07-07］. www.gov.cn/gongbao/content/2007/content_663655.htm.

[2] 关颖. 我国大城市少年儿童体育活动状况及影响因素探析［J］. 天津体育学院学报，2005（3）：28-31.

[3] 章建成，张绍礼，罗炯，等. 中国青少年课外体育锻炼现状及影响因素研究报告［J］. 体育科学，2012，32（11）：3-18.

[4] 罗炯，唐炎，公立政. 西南地区青少年课外体育锻炼行为现状及妨碍因素研究报告［J］. 北京体育大学学报，2012，35（1）：80-86.

[5] 柳鸣毅，张朋龙，李健楠，等. 英国青少年校外体育参与模式研究——兼论政府、社会和市场的权界［J］. 沈阳体育学院学报，2016，35（4）：78-83.

（三）家务性身体活动

《国家中长期教育改革和发展规划纲要（2010—2020年）》专门指出要"加强劳动教育"，家务劳动是促进青少年全面发展的手段之一，对青少年的身心健康与思想品德养成均具有较大作用。然而，生活自理能力差、独立生活能力弱，基本上是现代社会每一个青少年身上贴着的标签。不管是学校、社会、家长还是青少年本身，都对家务劳动的重视不够。家务性身体活动不仅是青少年身体活动中非常重要的一环，而且参与家务性身体活动还有助于青少年自主性、独立性及责任意识的提高。青少年时期是行为养成和价值观形成的关键时期，家务性身体活动除了对提高青少年身体活动的整体水平起到积极作用，更重要的是热爱劳动观念的塑造和独立生活能力的培养对于青少年未来的发展至关重要。因此，社会各界更应深入认识家务性身体活动对青少年的作用，注重青少年劳动习惯和动手能力的培养。

（四）交通性身体活动

当今世界，城市化进程逐步加快，全球已经有超过50%的地区进入城市化[1]。随着城市化，人类的生活方式发生了极大的改变。最明显的就是对机动车的过度依赖直接导致人类交通性身体活动显著减少。对于青少年这一群体来说，交通性身体活动主要包括上学、放学的过程当中采用步行或骑行（自行车）这两种身体活动方式。学校与家庭周围的交通环境，以及学校与家庭的距离是影响青少年交通性身体活动最为主要的因素。交通环境安全、路面状况良好、距离适中会对交通性身体活动行为产生显著的正向影响。相反，复杂的交通环境、混合的机动车道和非机动车道、距离遥远等会使青少年的交通性身体活动大大减少[2]。

---

①联合国经济与社会事务部人口司. 世界城市化展望：各国及地区城市人口规模和变动率（1995–2025）[J]. 人类居住，2017（4）：60–64.
②沈晶，杨秋颖，郑家鲲，等. 建成环境对中国儿童青少年体力活动与肥胖的影响：系统文献综述[J]. 中国运动医学杂志，2019，38（4）：312–326.

第四章 青少年身体活动促进社会生态系统的构建

对于缺乏独立判断能力、经济能力、权利表达意识的青少年群体来说，因身体活动不足所引起的对其体质健康的侵蚀，其责任不仅在于青少年本身与体育教师，还在于家长和社会以"爱"之名，对"生而好动"的青少年的健康权进行了剥夺。因此，青少年所处的社会环境都有义务和责任为青少年身体活动促进给予必要的支持。

经过对前人研究的梳理发现，国外在身体活动研究领域已经取得了丰硕的研究成果，社会生态系统理论、人口健康促进模型、青少年身体活动促进模型等相关理论为该领域提供了丰富的研究视角。布朗芬布伦纳的社会生态系统理论采用"俄罗斯套娃"的方式，系统地分析个体的行为受到各层级的社会生态系统的影响。但社会生态系统理论只是一个个体行为发展的普适性理论，对于不同的群体、不同的行为，其涉及的社会生态肯定是存在区别的（如青少年和老年人、身体活动行为和吸毒行为），特别是在人际关系这一层面的区别尤为明显。鉴于此，对于青少年身体活动的研究，必须要明晰青少年这一群体及其身体活动行为如何受到社会生态系统各个层次系统的影响，才能有效地为青少年身体活动促进提供切实有效的指导。

韦尔克的青少年身体活动促进模型具有很强的针对性，其面向的群体就是青少年，该模型将健康促进模型、格林模式[①]中的促成因素、强化因素、倾向因素移植到了对青少年身体活动的研究中，具有一定的创新性。但青少年身体活动促进模型没能很好地说明各层级的社会生态系统如何对促成因素、强化因素、倾向因素施加影响。另外，鉴于我国国情、社会经济体制、

[①]LawrenceW. Green & Marshall W. Kreuter, Health Promotion & Planning [M]. California Mayfield Publishing, 1999.

文化、价值观等均与西方国家有较大的区别，这些西方的研究理论会不会出现"水土不服"？因此，对于我国青少年身体活动促进的研究不能仅仅依靠现有的西方学者的理论，还需要结合我国具体的国情来构建适应我国青少年身体活动促进的社会生态系统。

一、扎根理论的选择

扎根理论（Grounded Theory）是质性研究方法中的一种，在20世纪60年代由美国哥伦比亚大学的安塞姆·斯特劳斯和芝加哥大学的巴尼·格拉泽提出[①]。扎根理论被西方社会科学界誉为最为重要的质性研究方法论。其主旨就是在研究的原始资料中进行深入梳理，再进行归纳和概括，最后逐步形成理论框架。到目前为止，扎根理论出现了三大流派：一是经典扎根理论派，以实质性和理论性编码为编码过程；二是建构主义扎根理论派，研究者不断对研究资料进行提问，并与研究对象产生互动；三是程序化扎根理论派，采用三级编码方式——开放式编码、主轴式编码、选择式编码。程序化扎根理论是目前国际上最广为通用的，其程序为：第一步，收集原始资料，并进行开放性编码（概念化），对意义相似的语句进行归纳总结，形成凝练后的初始编码；第二步，在开放性编码的基础上进行主轴编码，厘清概念之间的逻辑关系；第三步，在主轴编码的基础上提纲挈领，挖掘核心范畴，构建理论模型（图4-1）。本研究的研究问题是青少年身体活动促进，青少年是身体活动行为的主体和实施者，故对青少年身体活动行为的探析理应深入青少年的个体层面，通过对青少年的深度访谈，把握青少年身体活动行为发生的个体因素（态度、价值取向等）。另外，由于本研究是在社会生态系统理论的基础上，试图找寻各层级社会生态子系统对青少年身体活动行为的促进作用，故对各社会生态层级的社会支持源进行深度访谈可以明晰各层级社会生态子系统如何对青少年身体活动促进产生直接或间接的正向影响。本研究尝试构建青少年身体活动促进社会生态系统理论模型，采用扎根理论构建理论模型较为合适。

[①]卡麦兹.建构扎根理论：质性研究实践指南［M］.边国英，译.重庆：重庆大学出版社，2009.

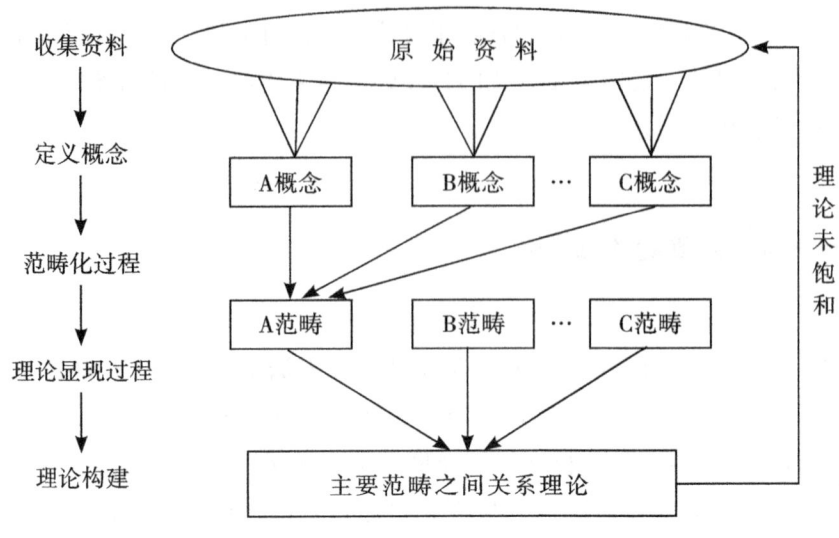

图4-1　扎根理论实施流程图

　　鉴于此，本研究结合社会生态系统理论、青少年身体活动促进模型、社会支持理论等先进国外经验，采用扎根理论质性研究方法，遵循"层层递进—反复斟酌—实时调试"的研究思路对青少年身体活动促进的社会生态系统进行充分的语义挖掘，构建青少年身体活动促进社会生态系统的理论框架，在理论上对青少年身体活动研究问题的进一步深化。

二、研究样本的选择

　　本研究选取各社会生态层级具有代表性的对象进行深入的访谈。访谈的对象主要包括：青少年、体育教师（教练）、班主任、学校管理人员、家长、教育行政部门的管理人员及社区的工作人员。其中，10～18岁青少年20人，男性青少年12人，女性青少年8人；体育教师9人；班主任、学校管理人员11人；家长9人；教育行政部门的管理人员11人；社区工作人员6人。地域分布在北京市、重庆市、湖北省、湖南省、广东省。具体信息，如表4-1～表4-6所示。

表4-1　受访青少年基本信息

编号	性别	年龄	年级	学校性质
Y1	男	17	高二	地级市高中
Y2	男	12	初一	省会城市初中
Y3	男	13	初一	乡镇初中
Y4	男	10	小学五年级	乡镇小学
Y5	男	16	高二	地级市高中
Y6	男	12	初一	省会城市初中
Y7	男	15	高一	地级市高中
Y8	男	13	初二	省会城市初中
Y9	男	13	初一	乡镇初中
Y10	男	11	小学五年级	乡镇小学
Y11	男	16	高二	地级市高中
Y12	男	13	初一	地级市初中
Y13	女	14	初二	省会城市初中
Y14	女	11	小学五年级	乡镇小学
Y15	女	13	初二	地级市初中
Y16	女	17	高二	地级市高中
Y17	女	16	高一	地级市高中
Y18	女	13	初二	地级市初中
Y19	女	15	高一	地级市高中
Y20	女	12	初一	乡镇初中

表4-2　受访体育教师（教练）基本信息

编号	性别	学历	学校性质
T1	男	硕士研究生	直辖市初中
T2	男	大学本科	地级市小学
T3	男	硕士研究生	乡镇初中
T4	女	硕士研究生	省会城市高中
T5	男	大学专科	乡镇初中
T6	男	硕士研究生	地级市初中
T7	女	大学本科	地级市小学
T8	男	硕士研究生	省会城市高中
T9	女	硕士研究生	地级市初中

表4-3 受访班主任、学校管理人员基本信息

编号	性别	学历	学校性质	职务
M1	女	大学本科	地级市初中	班主任
M2	男	大学本科	地级市小学	班主任
M3	女	硕士研究生	省会城市高中	班主任
M4	女	大学本科	乡镇初中	班主任
M5	男	硕士研究生	直辖市初中	班主任
M6	女	硕士研究生	地级市初中	班主任
M7	男	硕士研究生	乡镇小学	校长
M8	男	硕士研究生	乡镇初中	校长
M9	男	硕士研究生	地级市高中	校长
M10	男	大学本科	地级市初中	校长
M11	女	大学本科	地级市初中	政教处主任

表4-4 受访家长基本信息

编号	性别	文化程度	职业
F1	男	初中	务农
F2	女	大学	个体
F3	女	小学	个体
F4	女	大学	公务员
F5	女	研究生	医生
F6	男	大学	企事业单位
F7	女	大学	企事业单位
F8	女	小学	个体
F9	男	大学	公务员

表4-5 受访教育行政部门的管理人员基本信息

编号	性别	工作单位	职务
A1	男	省教育厅	副厅长
A2	男	省教育厅	二级巡视员
A3	男	省教育厅	体卫艺处处长
A4	男	省教育厅	体卫艺处四级调研员

（续表）

编号	性别	工作单位	职务
A5	男	省教育厅	体卫艺处副处长
A6	男	教育部体卫艺司	体育与卫生教育处工作人员
A7	男	省教育厅	体卫艺处工作人员
A8	女	省教育厅	体卫艺处工作人员
A9	男	省教育厅	思政处工作人员
A10	男	省教育厅	体卫艺处工作人员
A11	男	地级市教育局	体卫艺劳科干部

表4-6　受访社区工作人员基本信息

编号	性别	文化程度	职务
C1	女	研究生	共青团区委副书记
C2	男	大学	街道党政办公室副主任
C3	男	大学	村支部书记
C4	女	大学	社区居委会主任
C5	男	大专	社区服务站站长
C6	女	大学	社区党总支书记

三、研究资料的收集

采用半结构式深度访谈为主，通过研究者与个案之间的深度对话，收集研究对象的语言资料，不给予研究对象任何倾向性的意见，充分尊重研究对象自己的诠释。根据社会支持理论和人口健康促进模型，对青少年的访谈与追问主要从"你需要的是什么？"出发，而对其他人群主要从"你可以给予什么？"出发。对青少年（代号Y）的访谈：记录青少年身体活动相关的想法、感受、现实需求、个人期待等方面；对体育教师（代号T）的访谈：了解学校体育活动整体状况，了解体育老师对体育课、课间活动、课外体育活动的看法及存在的问题等方面；对班主任、学校管理人员（代号M）的访谈：主要围绕班主任、学校管理人员对身体活动的重视程度、看法、有哪些支持的举措等方面。

对家长（代号F）的访谈：主要涉及家长自身对身体活动的重视程度、对孩子身体活动的看法、对孩子身体活动的支持等方面；对教育行政部门的管理人员（代号A）的访谈：搜集政府在促进青少年身体活动方面面临的突出问题、举措、政策制订的相关内容；对社区工作人员（代号C）的访谈：了解社区群众体育活动的现实状况、体育设施基本情况及促进青少年身体活动的想法、愿望与举措（由于部分受访者，特别是青少年和家长，不接受语音访谈，只能以微信、QQ对话的形式来完成访谈）。将"第一现场"的原始资料（包括视频、音频、图片等）整理后转换成文字信息。在访谈和文本转录结束后，本研究共获得原始访谈资料4.6万余字。

扎根理论的研究资料较为烦杂，研究者常常需要处理不同层面、不同类型的材料，从大量的信息中逐步凝练，上升为理论。随着科学技术的不断更新，现已有许多辅助质性研究软件，如HyperRESEARCH、MAXQDA、ATLAS.ti、NVivo等。借助这些计算机软件，研究者可以快速、高效地分析研究资料，反复对编码和节点进行调节，并在烦杂的研究资料中将属性相同的资料进行关联，极大地提高了质性研究的效率。

四、研究数据处理

本研究选用澳大利亚QSR公司开发的NVivo 11.0质性研究软件对研究资料进行分析、搜集与提取。NVivo 11.0是目前国际上使用率最高的质性研究软件之一。

采用三轮编码即开放式编码、主轴式编码、选择式编码的方式对原始资料进行归纳、分析。根据扎根理论的编码要求，采用分层抽样的方法抽取52份原始访谈材料，剩下的原始访谈资料预留用作理论饱和度检验。

（一）开放式编码

访谈资料是扎根理论的第一手原始材料，将文本化处理后的原始材料导入质性分析软件NVivo 11.0中。开放式编码需要对原始材料进行逐字逐句的梳理，尽可能按原始材料的语句、关键词进行初步编码，逐步将原始材料概念化。编码示例如表4-7 ~ 表4-12所示。

表4-7 青少年访谈材料开放式编码示例（部分）

原始描述	概念化
我很喜欢运动，特别是打篮球，但是我妈妈觉得打篮球太影响学习，因为我现在高二了，所以她不让我打	父母的认知
我不是很喜欢锻炼，特别是每天坚持锻炼对我来说太难了，我没有那个毅力	自我效能
我比较喜欢和朋友一起踢球，基本上每周末都会踢	同伴陪伴性支持
我爸爸很喜欢乒乓球，所以我很小的时候就开始打乒乓球了，现在我跟着市体校的一个教练在训练	父母的榜样作用
我每周都会抽时间跑步，因为中考要考，而我的耐力比较差	升学考试制度
我在学校学了羽毛球，但是我的爸妈不肯给我买球拍，一般也就上体育课打一下	父母工具性支持
我家小区没有篮球场，所以我放学回家一般也不会做什么运动	社区体育设施
有时候爸爸妈妈会让我帮着他们做些家务，他们觉得这样很有必要	父母的认知
我爸爸很会打篮球，他经常会在放学后教我打篮球	父母信息性支持
我父母不让我骑自行车上学，他们认为这样太危险，所以我每天还是坐公交车	学校的可达性
我很喜欢打网球，我觉得打网球的时候我很开心，特别是赢得比赛的时候	兴趣和价值取向
我不喜欢运动，运动对我来说太难了，我比较胖，跑下步都很累	自身运动能力
学校体育课一点意思也没有，我反正不想上	体育与健康课程满意度
我们班主任管的超级严，经常课间不让我们休息，偶尔也会占用我们的体育课	学校重视程度
我很喜欢我的体育老师，他的篮球技术非常好	体育师资力量
家附近有个市政公园，我周末都会去那里散步	公园的可达性
学校离家大概10分钟的步行距离，不刮风下雨我一般都是走路去学校	学校的可达性
我学习成绩还可以，不想因为运动耽误了学习	学业压力

表4-8　体育教师访谈材料开放式编码示例（部分）

原始描述	概念化
现在学校越来越重视体育课了，占用体育课的情况已经没有了	学校重视程度
因为体育课要练中考体育的一些项目，所以根本没有足够的时间教会学生掌握一项运动	升学考试制度
其实最担心的还是怕学生出安全问题，学生做一些比较剧烈运动的时候，很害怕他们受伤	学校体育伤害事故
我觉得每个星期，学生对我的体育课还是蛮期待的	体育与健康课程满意度
比方说学生喜欢打乒乓球、羽毛球，但是我们这种乡镇学校的体育器材还是不够	学校体育设施
有些学生觉得体育课就是玩，你让他们学技能，他们很反感	体育与健康课程满意度
现在都要求开设足球课，有些女生不喜欢，所以体育课积极性不高	体育与健康课程满意度
学生还是蛮喜欢我的篮球课，因为我是体院篮球专业毕业的，教的东西他们蛮喜欢，而且他们篮球技能提高也很快	体育师资力量
上课教东西时学得蛮快，但是回家了他们没有场地练，下个星期来了又要重新教，这点挺影响教学效率的	社区体育设施
课间锻炼也很重要，不仅对孩子们的身体健康有益，而且可以提高孩子们的学习效率，我已经跟我们领导反映很多次了，要保证孩子们的课间体育锻炼，包括课操、大课间活动等	课外体育活动满意度
像体育课，我认为老师还是要参与到学生的活动里去，不能只是布置教学任务、教授运动技能后就不管了，我会带着学生一起练，学生就更积极了	教师的榜样作用
有个别比较肥胖的学生，我会鼓励他们，我觉得引导还是很重要的，不能"一刀切"，对这些肥胖的学生要重点关注，多鼓励他们，后面慢慢地也可以跟上我的体育课了	教师情绪性支持
有的父母还是很支持孩子的，我们带出去比赛什么的，父母都是全程陪同的	父母陪伴性支持

表4-9　班主任、学校管理人员访谈材料开放式编码示例（部分）

原始描述	概念化
我们学校下午的课外活动是跟外面的培训机构合作搞的，有跆拳道、拉丁舞、健美操等，很受家长和学生欢迎	课外体育活动满意度
我自己也在当班主任，所以对学生的体质健康非常重视，像下午的课外活动，不仅不占用，而且还要保质保量，让他们多流汗	学校重视程度
我们学校现在引进体育教师都要求必须是专业体育院校毕业或者是师范大学的体育学院硕士研究生毕业，就是希望提高我们学校整体体育师资力量水平，更好地落实让每一个学生熟练掌握一项以上运动技能的要求	体育师资力量
我们学校班子成员最近一直在抓学校体育方面的工作，部分体育老师上课不认真，球一发就不管学生了，现在我们经常抽查学校体育课的教学情况	对体育教师的监督
坦率地说，学生的课间活动我们真的没有落实，特别是高年级要高考，学生的文化课压力很大，不完全是我们班主任的问题，学生自己也不想动	学业压力
我们属于乡镇学校，很多留守儿童的父母都不在身边，体育运动可以让他们更开朗，我本人是很重视学生的体育活动的，虽然条件有限，但是尽可能地为学生锻炼创作条件	学校重视程度
像我们学校的一个体育老师，送到英国去参加教育部的校园足球培训，现在学校校园足球开展得很好，他的课孩子们都喜欢上	体育师资力量
学校针对大课间活动有专门的规则制度，保证一个星期每一天的活动都不重样，像之前很火的鬼步舞，我们也尝试性地开展过	课外体育活动满意度
学校目前在推广"中国健康体育课程模式"，从现在的情况来看，效果还很理想，一方面学生体育课的运动量更大了，另一方面学生也觉得比以前的体育课更有趣了	体育与健康课程满意度
在学生参加体育活动的过程当中，学校制定了相应的安全应急预案。确保学生安全无死角、零事故	学校体育伤害事故

（续表）

原始描述	概念化
在学生参加大课间体育活动的过程中，充分尊重学生对体育活动的选择权，激发学生的兴趣	课外体育活动满意度
学校践行"每天锻炼一小时，幸福生活一辈子"的理念，不管是对学生，还是对老师，我们都要求重视体育锻炼	学校体育氛围
足球是我们学校的特色项目，去年入选了全国校园足球特色学校，将校园足球纳入学校发展规划，学校领导都很重视	学校重视程度

表4-10　家长访谈材料开放式编码示例（部分）

原始描述	概念化
我自己就很喜欢运动，每周都要抽时间打羽毛球，雷打不动，孩子也受我的影响，很喜欢体育运动	父母的榜样作用
我孩子就是太胖了，又喜欢吃零食喝碳酸饮料，我担心他以后身体垮掉，所以督促他训练	父母的认知
我网球打得还可以，在省直机关职工运动会拿过名次，孩子的网球也是我自己在教	父母信息性支持
孩子进行体育锻炼，我们还是很支持的，他比较喜欢打乒乓球，我之前给他买了个拍子都是一千多元	父母工具性支持
孩子喜欢看NBA，特别喜欢看詹姆斯的比赛，只要是周末基本上都会在电视上看他的比赛，所以平时也喜欢打篮球	体育明星的榜样作用
我儿子经常用Keep这个手机App锻炼，跟着上面的教程，在家里就可以锻炼	媒体信息性支持
我们家离学校也不远，但是交通环境太复杂了，步行和骑车都不安全，所以还是我们每天开车送她去上学	学校的可达性
小区附近就游泳馆、健身房之类的，但是收费太高了，像游泳一次就得五十元，所以孩子也没有经常去	体育场馆的可用性
主要是还是担心影响他的学习，我也晓得体育重要，但是别家的孩子放学了都在补文化课，我们不补怎么跟得上	学业压力

表4-11　教育行政部门的管理人员访谈材料开放式编码示例（部分）

原始描述	概念化
近4年，我们全省为农村学校补充音体美等紧缺学科教师5200余人，在一定程度上缓解了体育专业教师紧缺的问题	体育师资力量
为进一步普及校园足球，我们省已将校园足球列入学校课间体育活动和课余体育活动	课外体育活动满意度
学校按片区招生，实际上从某种程度来讲就是为了学生更方便地上下学，尽量都采用步行的方式上下学，这样学生既可以得到身体的锻炼，同时也可以减轻公共交通的压力	学校的可达性
目前学生近视低龄化是突出问题，总书记十分重视，省厅联合卫健委、体育局、团省委等多个部门印发了《综合防控儿童青少年近视实施方案》，有些学校落实得很好，比方说在大课间的时候发明了很多手眼协调的游戏让学生们玩，既能舒缓眼睛，同时还能锻炼身体	政府部门间协作
我们市教育局比较关注青少年体育，充分保障学生的体育锻炼时间，加大宣传力度，要求各个学校落实青少年体育的相关文件	政策执行力与知晓度
我们充分发挥各地市州教育行政部门的独立性与自主性，让他们结合当地的实际情况制定有利于增强学生体质的中考体育项目	升学考试制度
校园足球开展以后，我们做了很多工作，不断探索校园足球发展的新思路、新举措，会同省体育局等部门举办了很多活动，积极探索"1+N"的活动机制，营造校园足球的良好氛围	政府部门间协作
省政府领导很重视青少年体育工作，召集教育厅、体育局的负责同志多次召开专题会议，研究青少年体育工作，落实校园足球专项经费5000万	政府部门间协作

表4-12　社区工作人员访谈材料开放式编码示例（部分）

原始描述	概念化
我们社区的工作人员也会比较关注群众的健康，我们会做一些体育锻炼、健康生活方式的宣传	社区信息性支持

（续表）

原始描述	概念化
我们社区经常组织各类体育活动和比赛，很受青少年欢迎	社区体育活动活跃度
社区修建了室外的乒乓球台、篮球场，但是没有特别专业的活动中心	社区体育设施
健身设施有是有，但是部分年久失修，保护措施也不够，在没有监护人的情况下，存在一定的安全隐患	社区体育设施
社区联合共青团、妇联等组织开展了很多关爱儿童青少年的公益体育活动	社区体育活动活跃度
我们也想在社区儿童青少年体育方面有所作为，但还是缺乏专业人士或者团队的指导	公益性社会体育指导员
我们这里锻炼的氛围很好，积极锻炼的人很多，一到晚饭过后的时间大家就都出来了，像什么广场舞、轮滑、平衡车等，参与的人很多	社区体育氛围
小区里就有舞蹈、跆拳道的培训机构，还是很方便的	社区体育设施
我们现在每个镇上都修了篮球场，每个镇还有自己的篮球队，镇上的小学周末也有很多群众去锻炼	社区体育设施

　　初始编码形成的初始概念数量较为繁多，而部分初始概念语义交叉，经过对初始概念的不断比较、归纳，进行第一轮逐句的编码分析后，共同建立与青少年身体活动密切相关的43个节点（表4-13）。

表4-13　编码所得节点

节点	节点材料来源数（N=52）	参考点数	子节点	节点材料来源数（N=52）	参考点数
自身的认知	19	27	社区体育组织活跃度	3	8
兴趣和价值取向	15	18	公益性社会体育指导员	2	2
自我效能	16	19	社区体育活动活跃度	10	15
自身运动能力	9	15	社区信息性支持	4	10

（续表）

节点	节点材料来源数（N=52）	参考点数	子节点	节点材料来源数（N=52）	参考点数
学业压力	22	25	社区体育氛围	14	18
学校体育设施	27	41	体育与健康课程满意度	21	26
社区体育设施	19	25	课外体育活动满意度	17	23
学校的可达性	8	14	体育师资力量	15	21
公园的可达性	2	5	学校重视程度	26	31
体育场馆的可达性	3	6	学校信息性支持	16	22
体育场馆的可用性	4	6	学校体育氛围	20	28
父母的认知	8	10	对体育教师的监督	2	6
父母的榜样作用	4	7	学校体育伤害事故	3	6
父母情绪性支持	3	7	体育明星的榜样作用	9	15
父母陪伴性支持	5	8	媒体信息性支持	7	12
父母信息性支持	3	7	媒体公信力	5	7
父母工具性支持	7	11	政策执行力与知晓度	5	9
教师情绪性支持	5	8	政府工具性支持	7	13
教师的榜样作用	3	6	政府信息性支持	6	10
教师信息性支持	9	14	升学考试制度	17	21
同伴情绪性支持	11	15	政府部门间协作	4	7
同伴陪伴性支持	17	20			

注：节点材料来源数表示包含该节点的原始访谈材料数，参考点数表示所有原始访谈材料中该节点出现的次数。

（二）主轴式编码

开放式编码完成后，节点仍然较为宽泛、分散，节点与节点之间的关联性尚不明朗。因此，在对原始材料进行概念化之后，进入第二阶段。主轴式编码就是对开放式编码后产生的节点进行聚类分析，深入探索节点之间相关关系，按照节点的属性、逻辑关系进行归类，形成更为概括性的一级节点。本研究的主题是青少年身体活动促进社会生态系统的构建，经过主轴式编码，发现范畴间存在潜在的逻辑联系，如"社区体育组织活跃度""公益性社会体育指导员""社区体育活动活跃度""社区信息性支持""社区体育氛围"均可归纳为"社区"这一范畴。依据上述原理，结合社会生态系统理论中各社会生态子系统的层级关系，经过主轴式编码形成7个一级节点。为了更为直观地表达各节点的关系，将NVivo 11.0软件中的节点树状结构图用思维导图的方式展现，如图4-2所示。

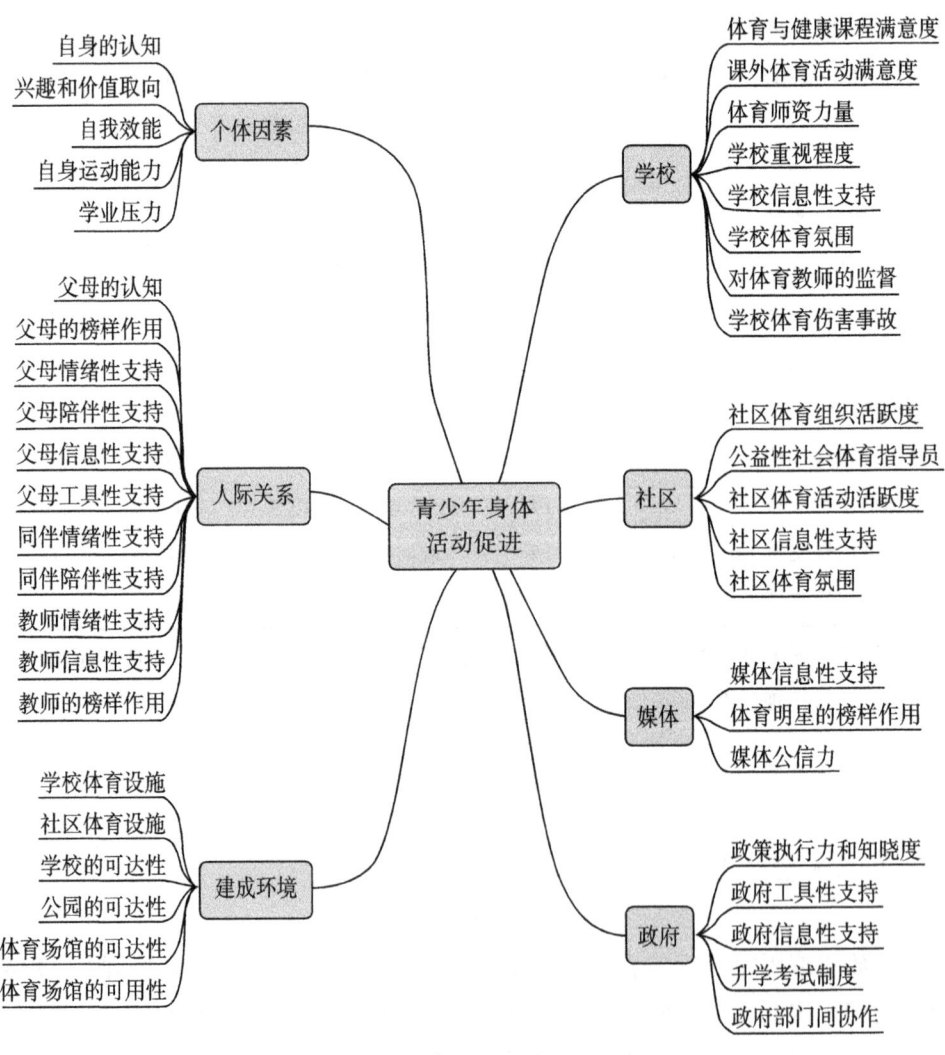

图4-2　主轴式编码图

（三）选择式编码

完成主轴式编码后，得出了"个体因素、人际关系、学校、社区、建成环境、媒体、政府"7个核心类属。各节点之间的脉络已经逐渐清晰。选择式编码就是将节点"立体化"，将各节点串成的整体"拎起来"。依据社会支持理论，支持源可以给予被支持源四种社会支持，分别是情绪性支持、工具性支持、信息性支持、陪伴性支持。也就是说，各层级社会生态子系统——政府、媒体、建成环境、社区、学校、人际关系、个体因素对青少年身体活动给予的各种各样的支持均可归纳为上述四种社会支持。结合本研究的主题，青少年身体活动促进是本研究的核心，由其来统驭其他范畴。围绕着这一核心，将政府、媒体、建成环境、社区、学校、人际关系、个体因素7个核心属类划分为宏观—中观—微观三个层面。基于扎根理论的分析，构建出青少年身体活动促进社会生态系统模型框架，如图4-3所示。

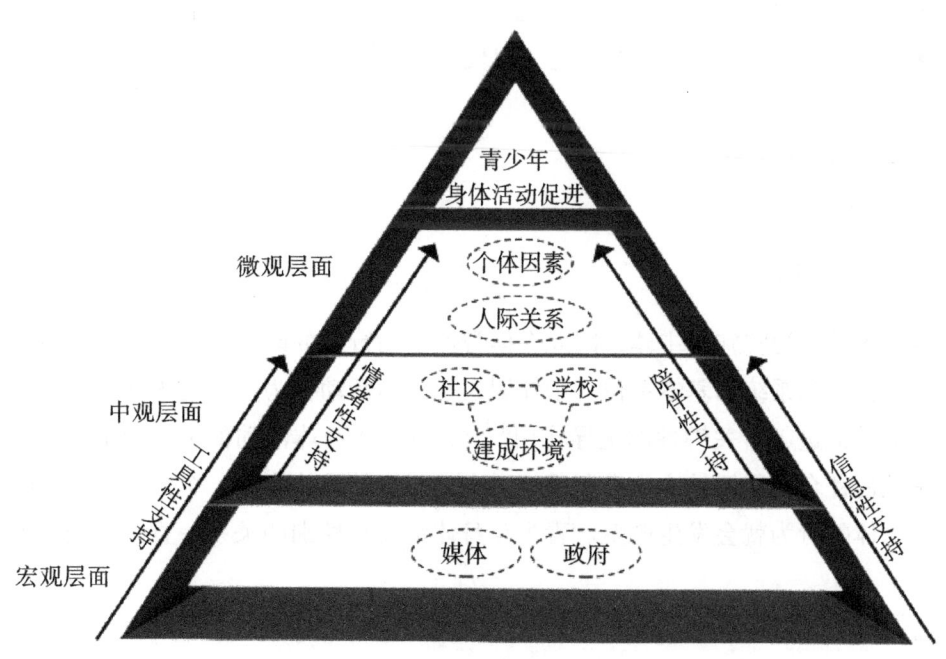

图4-3　青少年身体活动促进社会生态系统理论模型

（四）理论饱和度检验

为了检验本研究的理论饱和度，继续对剩余的原始访谈材料再次进行三级编码。检验结果显示，与本研究主题密切相关的高频节点都已被表4-13所涵盖，并没有出现新的范畴，且各节点间并没有产生新的相关关系，其逻辑主线亦未改变。鉴于此，可以认为青少年身体活动促进社会生态系统模型在理论上已经达到了饱和。

五、青少年身体活动促进社会生态系统构成因素及维度内涵

本研究采用扎根理论的质性研究方法，整合社会生态系统理论、人口健康促进模型等国际先进经验，结合我国的现实情况构建了微观—中观—宏观三个层级的青少年身体活动促进社会生态系统理论模型。下面就7个节点及其维度内涵结合已有的研究证据进行阐述，以便更清晰地演示其内涵的推演过程。

（一）微观层面

1. 个体因素

个体是行为实施的主体，因此个体身体活动行为的改变是青少年身体活动促进社会生态系统的基本单位，个体因素是身体活动行为产生的内在因素，对身体活动促进起着关键性的主导作用[1][2][3]。青少年身体活动促进社会生态系统更是关注社会各层级社会生态子系统对个体因素的整体影响，个体因素得到改变，个体的行为就会发生改变。青少年身体活动与性别的关系一直是欧美学者

①Bauman A E, Reis R S, Sallis J F, et al. Correlates of physical activity: why are some people physically active and others not? [J]. Lancet, 2012, 380（9838）: 258-271.

②陈培友. 社会生态视域下我国青少年体力活动促进模式研究 [D]. 南京: 南京师范大学, 2014.

③向剑锋. 体质弱势青少年体力活动环境的社会生态学研究 [J]. 武汉体育学院学报, 2019, 53（8）: 23-30.

的研究热点，男性青少年身体活动显著高于女性青少年已被广泛的研究所证实，本研究的第三部分运用CHNS数据也再次佐证了这一点，除家务性身体活动外，男性青少年不管是在身体活动的量，还是在身体活动的参与率上，均显著高于女性青少年。同样，有许多研究也为遗传因素对身体活动的影响提供了证据。但是社会生态环境显然是很难对性别、遗传因素等这些先天性的生物学特征进行干预的。从这一角度出发，青少年身体活动促进社会生态系统理论模型并没有像韦尔克的青少年身体活动促进模型和加拿大的人口健康促进模型那样在个体因素中纳入个体生物学因素指标，而是将个体因素聚焦到认知、自我效能、兴趣和价值取向等心理因素的干预上。

　　下面就个体因素的各子节点进行阐述。国内外众多学者的研究已经证实个体的心理因素与青少年身体活动具有极强的关联性[1][2][3][4]。班杜拉在其社会认知理论中指出：自我效能（self-efficacy）是个体对自己是否能够完成某项活动所具备的主观判断。里安（Ryan）[5]、司琦[6]、孙拥军[7]等学者的研究均肯定了自我效能在促进青少年坚持参加身体活动中的重要作用。当青少年认为身体活动的益处较大时，会促使青少年身体活动行为的发生。纳哈斯（Nahas）[8]、戈莎[9]等人的研究表明自身认知是青少年身体活动的关键性影响因素。学业压

① Williams D M, Dunsiger S, Ciccolo J T, et al. Acute affective response to a moderate-intensity exercise stimulus predicts physical activity participation 6 and 12 months later [J]. Psychology of Sport & Exercise, 2008, 9（3）: 231-245.

② Valois R F, MRenée Umstattd, Zullig K J, et al. Physical Activity Behaviors and Emotional Self-Efficacy: Is There a Relationship for Adolescents? [J]. Journal of School Health, 2008, 78（6）: 321-327.

③ 代俊，陈瀚. 社会生态学视角下青少年校外身体活动行为的影响因素研究 [J]. 首都体育学院学报，2018，30（4）：371-377.

④ 郭强. 中国儿童青少年身体活动水平及其影响因素的研究 [D]. 上海：华东师范大学，2016.

⑤ Ryan G J, Dzewaltowski D A. Comparing the Relationships between Different Types of Self-Efficacy and Physical Activity in Youth [J]. Health Education & Behavior, 2002, 29（4）: 491-504.

⑥ 司琦，苏传令，Kim Jeongsu. 青少年校内闲暇时间身体活动影响因素研究 [J]. 首都体育学院学报，2015，27（4）：341-345.

⑦ 孙拥军，吴秀峰. 身体自我效能、目标定向与体育活动参与程度的关系 [J]. 北京体育大学学报，2008（10）：1315-1318.

⑧ Nahas MV, Goldfine B, Collins MA. Determinants of Physical Activity in Adolescents and Young Adults: The Basis for High School and College Physical Education to Promote Active Lifestyles [J]. Physical Educator, 2003, 60（1）: 42.

⑨ 戈莎，郭雪鹏，颜芳. 天津市初中生身体活动行为自我认知研究 [J]. 中国学校卫生，2015，36（7）：1016-1018，1021.

力会对青少年身体活动行为的发生产生负面影响，这一点在我国尤为明显。国家体育总局发布的《2014年全民健身活动状况调查公报》显示，"学业压力"是44.2%的6～19岁青少年不愿意参加锻炼的主要原因①。杜发强等研究指出，青少年学业压力越大，其身体体质健康状况越差②。在现行教育考试制度的"指挥棒"下，青少年不仅面临着来自中考、高考的学业压力，还面临着来自学校、家长的学业压力。"唯分数论"甚至使部分青少年以及家长、学校、教师等利益相关者产生"一切为了学习"的片面观念，使得青少年课余大量的身体活动时间被久坐行为所替代。但不同于以往研究结论的是，胡鹏辉等发现学业压力对青少年的体育锻炼有着积极的影响③，他的结论虽尚不能完全推翻学业压力对身体活动的负面影响，但也揭示了学业压力与青少年身体活动之间存在着更为深层次的关系，他认为这一原因有可能是青少年的自律性。自律性强的学生可以坚持完成学业任务，同样也可以坚持体育锻炼。而自律又再次指向了自我效能这一个体因素。"兴趣是最好的老师"，因此兴趣和价值取向也是个体行为改变的重要动力。章建成等认为，锻炼兴趣对青少年课外体育锻炼的影响力最大④。王富百慧等研究也证明了参与兴趣对于激励青少年中高强度身体活动行为的重要性⑤。对自身运动能力的负面感知会对青少年身体活动行为产生消极的影响。代俊等的研究表明，自身运动能力的负面感知对于个体身体活动行为的影响要大于身体活动益处的感知⑥。因此，自身运动能力的感知对于促进青少年身体活动行为的发生同样至关重要。青少年身心发展的特点决定了其认知、自我效能、兴趣和价值取向等个体因素极易受到外界的影响，其个体因素具有极强的可塑性，因此应充分关注如何利用各种社会生态因素整体地、多层面地改变青少年的个体因素，特别是心理因素，

①国家体育总局. 2014年全民健身活动状况调查公报［EB/OL］.（2015-11-16）［2020-9-11］. www. sport.gov.cn/n315/n329/c216783/content. html.

②杜发强，樊晶晶. 我国青少年学生体质健康致因探析［J］.体育与科学，2014，35（3）：60-67.

③胡鹏辉，余富强. 中学生体育锻炼影响因素研究——基于CEPS（2014-2015）数据的多层模型［J］.体育科学，2019，39（1）：76-84.

④章建成，张绍礼，罗炯，等. 中国青少年课外体育锻炼现状及影响因素研究报告［J］.体育科学，2012，32（11）：3-18.

⑤王富百慧，王梅. 动机与兴趣：社会环境与城市青少年身体活动之间的中介因素研究［J］.中国青年研究，2018（5）：76-83，67.

⑥代俊，陈瀚. 社会生态学视角下青少年校外身体活动行为的影响因素研究［J］.首都体育学院学报，2018，30（4）：371-377.

进而促进其身体活动水平的提高。

2. 人际关系

由青少年身体活动促进社会生态系统理论模型可以看出，人际关系是影响青少年身体活动的近端因素。主要包括父母、同伴和教师三个方面。

父母在青少年的成长过程中扮演着重要的角色。榜样作用是父母对青少年身体活动影响的一个有力解释。班杜拉在其社会认知理论中强调：个体可以通过观察、模仿榜样而进行行为矫正。摩尔（Moore）等研究支持了父母的榜样作用对青少年身体活动的促进作用[1]。此外，国内外研究均论证了父母支持与青少年身体活动具有显著的相关性[2][3][4]。父母支持表现在父母提供体育经费、父母购买体育器材、父母指导锻炼、父母给予运动鼓励、父母陪伴锻炼等多个方面，结合社会支持理论，父母支持可以分为信息性支持、情绪性支持、工具性支持和陪伴性支持。在对家长的访谈过程当中，"怕影响孩子学习"这一表述出现了多次。父母对身体活动的认知也影响着青少年的身体活动行为。父母的负面身体活动观点，阻碍了青少年身体活动行为的形成及保持。因此，父母应改变不正确的身体活动观念，给予青少年身体活动充分的支持，给青少年树立良好的榜样，引导青少年主动参与各类身体活动。

比茨（Beets）等研究显示，同伴对青少年身体活动的支持比父母对青少年身体活动的支持更具影响力[5]。青少年心理学认为，人类幼年时期的社会支持主要来自父母，随着年龄的增长，进入青春期后，其社会支持来源逐渐向同伴转移[6]。张涛的研究同样发现，在同伴、父母、体育教师三种社会支持

①Moore L L，Lombardi D A，White M M J，et al. Influence of parents' physical activity levels of young children［J］. Journal of Pediatrics，1991，118（2）：215-219.

②Bauer K W，Neumark-Sztainer D，Fulkerson J A，et al. Familial correlates of adolescent girls' physical activity，television use，dietary intake，weight，and body composition［J］. International Journal of Behavioral Nutrition and Physical Activity，2011，8（1）：25.

③胡月英，唐炎，张加林，等. 父母因素对青少年中到大强度身体活动的影响研究［J］. 中国体育科技，2017，53（3）：14-21.

④Haye K D L，Heer H D D，Wilkinson A V，et al. Predictors of parent - child relationships that support physical activity in Mexican - American families［J］. Journal of Behavioral Medicine，2012，37（2）：234-244.

⑤Beets M W，Cardinal B J，Alderman B L. Parental social support and the physical activity related behaviors of youth：A review［J］. Health Education&Behavior，2010，37（5）：621-644.

⑥约翰·桑特罗克. 青少年心理学［M］. 寇彧，译. 北京：人民邮电出版社，2013.

中，同伴对青少年参与身体活动的影响最高[①]。我国学者王富百慧[②]、杨尚剑[③]等也证实了同伴支持对青少年身体活动具有正向影响。同伴支持可以分为陪伴性支持和情绪性支持两类。基于此，我们须多关注同伴关系在青少年身体活动中的作用，有意识地引导青少年增强同伴关系，比如多开展集体性体育活动，以增加青少年同伴间的互动。

体育教师与青少年之间也存在着相互交往，这种交往本质上是教育性的。体育教师作为学校体育与健康课程的教育者与组织者，在整个教育过程中都会对青少年的身体活动行为产生一定的影响。比如，体育教师健硕的身材会给青少年以榜样的作用；体育教师对青少年运动技能的传授可以提高青少年的运动能力；体育教师的表扬可以激励青少年。体育教师定然会对青少年的身体活动产生影响，通过潜移默化的教育转化为青少年身体活动的内驱力。然而，经过文献查阅，国内外研究尚缺少体育教师对青少年身体活动影响的证据，其作用机制也尚不明确。

（二）中观层面

1. 学校

学校是青少年成长的重要场所，青少年一天中的大多数时光是在学校度过的。关注青少年身体活动促进，学校承担着重大的责任。学校体育与健康课程是提高学生体质水平、养成良好健康习惯的重要阵地。而现实情况显示，我国中小学体育与健康课程的开展情况并不理想，"学生体质健康下降""喜欢体育不喜欢体育课""一项运动技能也未掌握"三大问题依旧突出[④]。针对这三大问题，我国学者季浏提出了10分钟多样化体能训练、运动密度75%、心率140～160次/分钟，加上以技能练习和比赛为主的"中国健康体育课程模

①Zhang T, Solmon MA, Gao Z. Promoting School Students' Physical Activity: A Social Ecological Perspective [J]. Journal of Applied Sport Psychology, 2012, 24 (1): 92-105.

②王富百慧, 王元超, 谭芷晔. 同伴支持行为对青少年身体活动的影响研究 [J]. 中国体育科技, 2018, 54 (5): 18-24.

③杨尚剑. 社会支持、自我效能与青少年体育锻炼满意度的关系 [J]. 武汉体育学院学报, 2016, 50 (2): 90-94.

④季浏. 聚焦前沿热点问题、关注体育教育发展、共探学生成长未来——2019国际体育课程与教学大会综述 [J]. 成都体育学院学报, 2019, 45 (5): 27-34.

式"，是一种可以推广的、有效增加青少年校内身体活动水平的手段。其一，规定了体育与健康课程中青少年身体活动的量和强度；其二，增加了体育与健康课程的趣味性，不再是以体育教师教授为主，而是以运动技能练习和比赛为主，提升学生参与度的同时也加强了学生对运动技能的习练。美国学界也非常关注学校身体活动对青少年体质健康促进的问题。2008年，美国国家运动与体育教育协会发布了《学校身体活动综合计划》。在此之前，美国政府没有像我国一样对学校体育课学时做硬性的统一要求，而是由各校自主安排，导致体育课学时不足，青少年超重/肥胖现象严重。鉴于此，《学校身体活动综合计划》提出了"高质量体育课程"的理念，强调体育教师要进行高质量的体育教学，传授青少年运动技能、激励青少年锻炼、引导青少年健康生活。这样，学校体育教师的专业能力就显得尤为重要。《学校身体活动综合计划》一方面倡导学校聘用高质量的体育教师，另一方面为体育教师提供培训的机会，增强体育教师的专业能力和理念；同时，增加学校体育课学时，确保在学校体育课上进行足够的身体活动。

除了体育课程，课外体育活动也是促进青少年身体活动的有效手段。中共中央、国务院《关于加强青少年体育增强青少年体质的意见》中规定：没有体育课的当天，学校要组织1小时的体育活动；每天25～30分钟的大课间体育活动。美国《学校身体活动综合计划》也提出了除体育课程外的学校体育活动方式：由教师组织进行课外体育活动、有体育天赋的学生加入学校运动队、开展丰富多彩的体育主题活动、在文化课中融入身体活动等，以满足青少年达到每天身体活动的推荐量。课外体育活动不仅可以将学校"碎片化"的时间利用起来，有效增加青少年身体活动的总量，还可以减少青少年的久坐行为，缓解眼疲劳。

学校体育氛围属于学校隐性教育的范畴。一直以来，人们都忽视了学校体育隐性教育对青少年潜移默化的影响。学校应该顺从青少年身体活动促进的需要，拓展青少年学校体育氛围的感知途径，可以通过健康促进教育、锻炼知识宣传、体育竞赛活动、体育学术讲座等多种方式去营造学校体育氛围，从而激励青少年树立正确的身体活动价值观、培养青少年健康促进意识，使青少年产生身体活动需求的内在动力。

学校体育伤害事故对学校开展体育活动造成了一定的困扰。通过对体育教师和学校管理人员的深度访谈可以发现，很多时候并不是学校不重视体育，而是害怕学校体育伤害事故造成的对学校和教师的各种责任压力、舆论压力、纠纷、赔偿等问题。面对风险，很多学校"因噎废食"，采取消极规避的防范措施，以致对高强度、高对抗运动项目"谈虎色变"。在欧美发达国家，实行的是以国家或地方政府作为学校体育事故的赔偿主体，以承担或减轻学校的责任压力①。对此，我国可以予以借鉴。同时，应进一步完善学校体育伤害事故的法治保障，健全相关保险制度，强化家长的风险承担意识，让学校青少年身体活动促进得以实现。

2. 社区

社区是青少年居住的环境，是青少年进行校外身体活动的主要场所。美国非常重视社区在身体活动促进中所起到的作用。美国疾病控制与预防中心（CDC）除了研制《活跃社区行动指南》外，还专门针对青少年发布了《青少年身体活动：社区的角色》。《青少年身体活动：社区的角色》为社区提供了很多切实可行的办法：通过各种途径向青少年及其家人宣传身体活动的相关知识；改变社区环境，让身体活动更容易；向青少年推广步行和骑行上下学的安全方式；让社区居民和社区体育组织在节假日使用学校的体育场馆；鼓励社区为青少年组织丰富多彩的体育活动；建议社区与学校合作，增加更多的课外体育活动和项目；高等学校、医院、卫生部门、企业和社会团体可以与中小学一起合作为青少年提供身体活动项目（包括资金、设备的支持或者鼓励员工在社区开展公益性体育活动）；社区体育组织可以在放学后去学校为青少年组织课外体育活动；将空地转换为球场、公园、游乐场②。与西方发达国家不同的是，我国社区身体活动促进发展起步较晚，在硬件条件和组织服务上均尚属起步阶段。此外，我国社区也忽视了对青少年这一特殊群体的关注，比如在我国社区较为流行的广场舞，其主要参与人群也不是青少年。

3. 建成环境

建成环境（built environment）对身体活动的影响是公共卫生、运动科学、城市规划领域新的研究热点。建成环境指为人类提供活动空间的实体环境，主要包括建筑密度、街道密度、空间格局、土地利用、景观设计、交通

---

①王菁，于善旭. 体育伤害事故阻滞学校体育正常开展久治不果的致因与治理［J］. 首都体育学院学报，2014，26（5）：420-427.

②CDC. YouthPhysicalActivity: The Role of Communities［EB/OL］.［2021-10-13］. https://www.cdc.gov/healthyschools/physicalactivity/toolkit/factsheet_pa_guidelines_communities. pdf.

规划等。随着工业化、城市化的进程加快，严重依赖机动车辆、健身设施不足、交通环境复杂等问题日益突出。从健康促进视角，人们开始思考如何通过城市规划、环境建设在客观上促进人们提高身体活动水平。1996年，斯陶克（Stokols）等运用社会生态模型来考察环境对身体活动的影响①。科恩（Cohen）等对六年级女性青少年的研究发现，家到学校的距离越远，其身体活动水平越低②。库尔卡（Kurka）等的研究认为，交通安全、人行道设施与儿童青少年中高强度身体活动显著相关③。萨利斯（Sallis）指出，学校扩大学生身体活动空间、增加体育设施是有效提高青少年身体活动水平的一种积极性方式④。我国学者周热娜等的研究显示，公园、体育设施、体育场馆的可达性与青少年身体活动呈正相关⑤。在"健康中国"的时代背景之下，通过优化建成环境可以有效实现对青少年身体活动的长效性干预。

（三）宏观层面

1. 政府

政府可以通过战略部署和政策制定，从宏观上对青少年身体活动进行促进。在影响身体活动的众多外部因素中，政策因素至关重要⑥。许多国家都陆续组织研制了专门针对儿童青少年的身体活动指南，包括我国、美国、澳大利亚等，对青少年身体活动予以高度重视，提出了明确的身体活动标准。除此

①Stokols, Daniel. Translating Social Ecological Theory into Guidelines for Community Health Promotion [J]. American Journal of Health Promotion Ajhp, 10（4）：282-298.

②Cohen D A, Ashwood S, Scott M, et al. Proximity to School and Physical Activity Among Middle School Girls: The Trial of Activity for Adolescent Girls Study [J]. Journal of physical Activity & Health, 2006, 2（1）：S124-133.

③Kurka J M, Adams M A, Todd M, et al. Patterns of neighborhood environment attributes in relation to children's physical activity [J]. Health and Place, 2015, 34：164-170.

④Sallis J F, Mckenzie T L, Conway T L, et al. Environmental interventions for eating and physical activity: A randomized controlled trial in middle schools [J]. American Journal of Preventive Medicine, 2003, 24（3）：209-217.

⑤周热娜，傅华，李洋，等. 上海市某两所中学初中生体力活动环境影响因素分析 [J]. 复旦学报：医学版，2013（2）：71-76，81.

⑥McCormack G R, Shiell A. In search of causality: A systematic review of the relationship between the built environment and physical activity among adults [J]. International Journal of Behavioral Nutrition and Physical Activity, 2011, 8（1）：125.

之外，各国政府还在政策上对青少年身体活动促进给予大力支持，比如日本的"健康日本21"计划、美国的《健康公民2020》、芬兰的《在行动：对身体活动促进健康与幸福2020》、我国的《"健康中国2030"规划纲要》等。其目的就是协调各种社会和环境因素，为青少年身体活动促进提供基础设施建设、新闻舆论宣传、经费投入等方方面面的保障。我国推出的体育中考制度也在一定程度上激发了青少年身体活动的积极性，有效地调动了家长、教师、学校以及社会各界对体育课的关心，从而达到了"以考促练"的目的。但不能否认的是，体育中考制度也导致了学校"体育课"变成"运动训练"的窘境，体育课围绕中考体育的考试项目开展，青少年对自己喜欢的运动项目没有选择权，抑制了青少年对体育课的兴趣，忽略了青少年的个性发展。政府在宏观层面发挥着不可替代的巨大作用，对青少年身体活动的干预具有综合性、引领性、全局性和长效性。其政策指向的精准性、设计的科学性、执行的力度等均会对青少年身体活动造成影响。

2. 媒体

近年来随着新兴媒体的发展，其覆盖率之大、传播速度之快给人们的生活带来了极大的变化。媒体是身体活动信息扩散的主要渠道，媒体对青少年身体活动的影响主要表现在媒体所传播的信息。通过一些手机App（如Keep），青少年可以在专业人士的指导下进行科学的锻炼。媒体还可以向社会大众传播身体活动的益处，潜移默化地改变人们的观念。良好的媒体信息环境可以给青少年带来强大的积极引导。与此同时，负面的信息也会给青少年的身体活动行为带来消极的影响。公信力和权威性对于媒体来说有着重要的意义，是媒体在长期发展中慢慢积累起来的，因此媒体一定要确保其传播信息的真实性。体育媒体的迅速发展，使越来越多的体育明星走进了青少年的生活，成为青少年成长过程中主动寻求的一种行为参考和模仿对象。体育明星完美的肌肉线条、积极向上的意志品质、永不言败的精神风貌，无一不对青少年起着榜样引领作用。与传统的说教式教育相比，体育明星的榜样示范是鲜活的、生动的，利用体育明星的引领作用可以有效促进青少年正确体育价值观的形成。从社会支持的角度讲，媒体在青少年身体活动促进中主要发挥的是信息支持的作用，媒体应尽可能地行使其"教育"的功能，不仅为青少年，也为其他大众营造健康积极的舆论氛围。

第五章　青少年身体活动促进社会生态系统的实证研究

一、研究构想

布朗芬布伦纳的生态系统理论告诉我们，影响个体行为改变的不是某一个单方面的因素，而是整个社会生态系统的综合作用。社会生态系统具有多个不同层级的子系统，而各个子系统又由不同的因子组成。这些因子处于不同的层级，所以对个体行为的作用也有强弱之分。有的因子可以直接影响个体的行为，有的因子则通过其他因子间接地对个体产生影响。本部分基于青少年身体活动促进社会生态系统理论模型，探讨宏观—中观—微观三个层面的互动关系。宏观层面包含政府和媒体两个方面的因子，处于青少年身体活动促进社会生态系统中的远端位置。中观层面包含学校、社区、建成环境三个因子。而近端的微观层面，包含个体因素和人际关系两个因子。马萨诸塞州大学的著名社会心理学家阿耶兹（Ajzen）认为，个体的心理因素是影响行为发生的决定性力量[1]。我国学者陈培友、向剑锋、代俊等人也指出，个体因素是青少年身体活动参与的主导因素。只有帮助青少年改变个体心理因素，才能发挥青少年自身的主观能动性，形成长效的青少年身体活动促进机制。布朗芬布伦纳的生态系统理论的局限性恰恰就在于仅从个体所处的外界环境对个体行为的改变作出了解释，而忽略了个体因素对行为改变的考量。基于上述分析，本研究借鉴国内外成熟的研究量表，结合扎根理论的研究结果，通过实际调查的数据，对青少年身体活动促进社会生态系统的理论模型进行验证。本研究提出如下研究假设：

---

[1] Ajzen I. The Theory of Planned Behavior [J]. Organizational Behavior and Human Decision Processes, 1991, 50（2）: 179–211.

假设1（H1），人际关系对个体因素产生直接或间接的影响；

假设2（H2），学校支持对个体因素产生直接或间接的影响；

假设3（H3），社区支持对个体因素产生直接或间接的影响；

假设4（H4），建成环境通过学校和社区间接影响个体因素；

假设5（H5），媒体支持对个体因素产生间接影响；

假设6（H6）：政府支持对个体因素产生间接影响。

二、问卷的设计

问卷的测量内容主要包含个体因素、人际关系、学校、社区、建成环境、媒体、政府7个分量表，覆盖了青少年身体活动促进社会生态系统理论模型中的宏观—中观—微观三个层面。在参考国内外沃德（Ward）[1]、莫特尔（Motl）[2]、罗宾斯（Robbins）[3]、石井（Ishii）[4]、普罗查斯卡（Prochaska）[5]、克雷格（Cralg）[6]、萨利斯（Sallis）[7]、陈汉[8]、陈培友[9]、

[1] Ward D S, Saunders R P, Pate R. Physical activity interventions in children and adolescents [M]. Champaign, IL: Human Kinetics, 2007: 194.

[2] Motl R W, Dishman R K, Trost S G, et al. Factorial validity and invariance of questionnaires measuring social-cognitive determinants of physical activity among adolescent girls [J]. Preventive Medicine, 2000, 31（5）: 584-594.

[3] 1robbinslb, Wut Y, Sikorskii A, et al. Psychometric assessmentof the adolescent physical activity perceived benefits and barriers scales [J]. Journal of Nursing Measurement, 2008, 16（2）: 98-112.

[4] Ishii K, Shibata A, Oka K. Environmental, psychological, and social influences on physical activity among Japanese adults: structural equation modeling analysis [J]. International Journal of Behavioral Nutrition and Physical Activiy, 2010, 7（1）: 61.

[5] Prochaska J J, Rodgers M W, Sallis J F. Association of parent and peer support with adolescent physical activity [J]. Research Quarterlyfor Exercise and Sport, 2002, 73（2）: 206-210.

[6] Craig C L, Marshall A L, Sjostrom M, et al. International physical activity questionnaire: 12-country reliability and validity [J]. Medicine and Science in Sports and Exercise, 2003, 35（8）: 1381-1395.

[7] Sallis J F, Kerr J, Carlson J A, et al. Evaluating a brief self-report measure of neighborhood environments for physical activity research and surveillance: Physical Activity Neighborhood Environment Scale （PANES）[J]. Journal of physical activity & health, 2010, 7（4）: 533-540.

[8] Chen H, Dai J, Gao Y. Measurement invariance and latent mean differences of the Chinese version physical activity self-efficacy scale across gender and education levels [J]. Journal of Sport and Health Science, 2019, 8（1）: 46-54.

[9] 陈培友. 社会生态视域下我国青少年体力活动促进模式研究 [D]. 南京：南京师范大学，2014.

代俊[①]、向剑锋[②]等学者相关研究的已被证实有效的成熟问卷的基础上，结合之前扎根理论的研究内容，设置具体问卷测量题项。为了方便青少年理解，将题项交予一名小学语文教师对语言进行修改（表5-1）。问卷采用Likert sacle五级评分方式来测试对各个题项的认同度。

表5-1　测量题项表

层级	因子	指标	题　项
微观	个体因素	自身的认知	锻炼对我的身体健康有很大的帮助
		兴趣和价值取向	我对锻炼非常感兴趣
		自我效能	一周中有很多天我都会坚持参加锻炼
		自身运动能力	体育运动对我来说太难了
		学业压力	就算学习的压力很大，我仍然坚持锻炼
	人际关系	父母的认知	父母认为锻炼有很多好处
		父母的榜样作用	我的父母也经常参加锻炼
		父母情绪性支持	父母常常会鼓励我进行锻炼
		父母陪伴性支持	父母会陪着我一起锻炼
		父母信息性支持	父母增长了我锻炼身体的知识
		父母工具性支持	父母在体育运动方面给了我很多物质上的支持
		教师情绪性支持	体育老师经常在体育上给我鼓励
		教师的榜样作用	体育老师常常参加锻炼，他体型看上去很健康
		教师信息性支持	体育老师增长了我锻炼身体的知识
		同伴情绪性支持	我同学、朋友会鼓励我进行锻炼
		同伴陪伴性支持	我同学、朋友常常邀我一起锻炼

①代俊，陈瀚. 社会生态学视角下青少年校外身体活动行为的影响因素研究［J］. 首都体育学院学报，2018，30（4）：371-377.

②向剑锋. 体质弱势青少年体力活动环境的社会生态学研究［J］. 武汉体育学院学报，2019，53（8）：23-30.

（续表）

层级	因子	指标	题　项
中观	学校支持	体育与健康课程满意度	学校的体育与健康课程我很喜欢
		课外体育活动满意度	学校的课外体育活动我很喜欢
		体育教师专业能力	我的体育老师课上得非常好
		学校重视程度	我们学校十分重视体育
		学校信息性支持	我们学校经常宣传锻炼的益处
		学校体育氛围	学校参与锻炼的人很多，体育活动也很多
		对体育教师的监督	学校经常会对体育老师的课进行监督
		学校体育伤害事故	因为害怕我们受伤，所以老师不让我们进行剧烈运动
	社区支持	社区体育组织活跃度	我们社区有很多体育社团、体育组织
		公益性社会体育指导员	我们社区经常会有叔叔、阿姨指导我们锻炼
		社区体育活动活跃度	我们社区常常举办一些体育活动或体育比赛
		社区信息性支持	社区的健康知识宣传增加了我对锻炼的了解
		社区体育氛围	我家附近每天锻炼的人很多
	建成环境	学校体育设施	学校体育设施很齐全
		社区体育设施	社区附近环境很好很适合锻炼，体育设施也齐全
		学校的可达性	我每天步行或骑行去学校
		公园的可达性	我家附近就有公园，我经常去
		体育场馆的可达性	我家附近就有很多体育场馆
		体育场馆的可用性	我家附近的体育场馆都对外开放，而且收费较低
宏观	媒体支持	体育明星的榜样作用	体育明星激励我更想去锻炼
		媒体信息性支持	媒体的宣传更增进了我对锻炼的了解
		媒体公信力	我很相信媒体上关于锻炼的信息
	政府支持	政策执行力与知晓度	国家政策很重视青少年体育
		政府工具性支持	我们政府在青少年体育方面投入很多
		政府信息性支持	政府发布的信息让我更加肯定了锻炼的重要性
		升学考试制度	体育升学考试使我更想去锻炼
		政府部门间协作	政府各部门经常联合举办一些体育活动

三、问卷的初测与修订

（一）初测的实施

问卷发放流程为先发放初测问卷，回收问卷样本后进行信效度检验，将检验后不恰当的题项删除，达到优化问卷的目的。如果信效度结构不合格，则需要调整问题重新发放，直到问卷结构的信效度符合要求，再正式发放问卷。本研究以湖北省的武汉市、荆州市两地为问卷的初测区域。以小学五年级到高中二年级的青少年为初测对象。吴明隆认为，初测样本数的下限是题项最多的分量表中观测变量数的3～5倍[①]。初测共发放问卷300份，回收问卷267份，回收率为89%。由于结构方程模型要求所有的样本必须全部完成题目的填写，因此只要是样本中出现漏填、错填、多选均视为无效样本。剔除无效样本后，有效问卷为228份，有效回收率为85.4%（表5-2）。

表5-2　初测调查对象基本情况

分类	组别	人数	百分比（%）
性别	男	122	53.5
	女	106	46.5
年级	小学	78	34.2
	初中	98	43.0
	高中	52	22.8

（二）初测问卷的修订

1. 初测问卷信度检验

信度检验主要用于评价问卷测量工具的稳定性和可靠性，信度检验的方法有很多种，较为常用的有内部一致性检验、重测信度检验、复本信度检验、折

①吴明隆.结构方程模型：Amos的操作和应用［M］.重庆：重庆大学出版社，2013.

半信度检验等。其中，大多数研究者都采用内部一致性检验（Inter Consistency Reliability Test）。在信度分析的过程当中，Cronbach's α（克隆巴赫α系数）的大小通常被用来反映测量量表的内部一致性。Cronbach's α 一般介于 0~1，数字越接近1，代表信度越高；数字越接近0，代表信度越低。依据大多数学者的共识，Cronbach's α 在0.9以上时，则表示量表的信度非常高；Cronbach's α 在0.8以上，则表示量表的信度较高；Cronbach's α 在0.7以上，则表示量表的信度可以接受；而当Cronbach's α 低于0.7时，则表示量表的信度低，需要考虑对量表进行修改。除此之外，还需要查看每个测量题项的CITC值（修正后和总体的相关系数）。CITC值通常介于0~1。吴明隆还认为，当CITC值低于0.4时，则考虑将该题项删除，以对问卷进行精简。基于上述分析，本研究借助SPSS 24.0统计学软件对各个维度的题项进行信度检验。

（1）个体因素维度信度检验

由表5-3可知，各题项的CITC值均大于0.4，且Cronbach's α 大于0.8，说明整体信度良好，不需要对题项进行删减与修改。

表5-3　个体因素维度的信度检验结果

测量维度	删除项后的标度平均值	删除项后的标度方差	CITC值	删除项后的Cronbach's α	Cronbach's α
自身的认知	14.46	12.020	0.847	0.847	
兴趣和价值取向	14.45	12.425	0.719	0.875	
自我效能	14.47	12.100	0.742	0.870	0.893
自身运动能力	14.49	12.850	0.703	0.878	
学业压力	14.48	12.462	0.691	0.881	

（2）人际关系维度信度检验

由表5-4可知，各题项的CITC值均大于0.4，且Cronbach's α 大于0.8，说明整体信度良好，不需要对题项进行删减与修改。

表5-4　人际关系维度的信度检验结果

测量维度	删除项后的标度平均值	删除项后的标度方差	CITC值	删除项后的Cronbach's α	Cronbach's α
父母的认知	39.08	65.152	0.891	0.960	
父母的榜样作用	39.09	66.829	0.802	0.963	
父母情绪性支持	39.12	65.867	0.849	0.962	
父母陪伴性支持	39.10	65.383	0.837	0.962	
父母信息性支持	39.14	65.166	0.846	0.962	0.966
父母工具性支持	39.09	66.251	0.809	0.963	
教师情绪性支持	39.14	66.003	0.827	0.962	
教师的榜样作用	39.08	66.663	0.823	0.963	
教师信息性支持	39.08	66.602	0.818	0.963	
同伴情绪性支持	39.05	67.006	0.813	0.963	
同伴陪伴性支持	39.04	67.161	0.841	0.962	

（3）学校支持维度信度检验

由表5-5可知，"对体育教师的监督""学校体育伤害事故"这两个题项的CITC值均小于0.4，且删除项后的Cronbach's α高于整体的Cronbach's α，故将这两个题项剔除。

表5-5　学校支持维度的信度检验结果

测量维度	删除项后的标度平均值	删除项后的标度方差	CITC值	删除项后的Cronbach's α	Cronbach's α
体育与健康课程满意度	22.67	31.756	0.767	0.759	
课外体育活动满意度	22.71	30.896	0.739	0.760	
体育教师专业能力	22.70	32.133	0.693	0.769	
学校重视程度	22.67	33.210	0.644	0.777	0.815
学校信息性支持	22.75	32.373	0.668	0.773	
学校体育氛围	22.60	33.844	0.650	0.778	
对体育教师的监督	22.68	40.694	0.085	0.855	
学校体育伤害事故	22.62	40.466	0.119	0.847	

（4）社区支持维度信度检验

由表5-6可知，"公益性社会体育指导员"题项的CITC值小于0.4，且删除项后的Cronbach's α为0.928，高于整体的Cronbach's α的0.804，故将这一题项剔除。

表5-6　社区支持维度的信度检验结果

测量维度	删除项后的标度平均值	删除项后的标度方差	CITC值	删除项后的Cronbach's α	Cronbach's α
社区体育组织活跃度	13.70	11.111	0.831	0.689	
公益性社会体育指导员	13.73	17.476	−0.025	0.928	
社区体育活动活跃度	13.66	11.556	0.770	0.711	0.804
社区信息性支持	13.73	11.239	0.765	0.709	
社区体育氛围	13.73	10.822	0.763	0.706	

（5）建成环境维度信度检验

由表5-7可知，"公园的可达性"题项的CITC值小于0.4，且删除项后的Cronbach's α为0.877，高于整体的Cronbach's α的0.803，故将这一题项剔除。

表5-7　建成环境维度的信度检验结果

测量维度	删除项后的标度平均值	删除项后的标度方差	CITC值	删除项后的Cronbach's α	Cronbach's α
学校体育设施	19.70	10.926	0.812	0.709	
社区体育设施	19.64	12.400	0.625	0.758	
学校的可达性	19.68	11.912	0.672	0.746	
公园的可达性	19.64	16.171	0.049	0.877	0.803
体育场馆的可达性	19.61	12.521	0.643	0.755	
体育场馆的可用性	19.64	11.993	0.651	0.751	

（6）媒体支持维度信度检验

由表5-8可知，各题项的CITC值均大于0.4，且Cronbach's α大于0.8，说明整体信度良好，不需要对题项进行删减与修改。

表5-8　媒体支持维度的信度检验结果

测量维度	删除项后的标度平均值	删除项后的标度方差	CITC值	删除项后的Cronbach's α	Cronbach's α
体育明星的榜样作用	7.51	3.264	0.817	0.834	
媒体信息性支持	7.54	3.350	0.789	0.859	0.897
媒体公信力	7.57	3.276	0.783	0.864	

（7）政府支持维度信度检验

由表5-9可知，"政府信息性支持""政府部门间协作"两个题项的CITC值均小于0.4，且删除项后的Cronbach's α高于整体的Cronbach's α，故将这两个题项剔除。

表5-9　政府支持维度的信度检验结果

测量维度	删除项后的标度平均值	删除项后的标度方差	CITC值	删除项后的Cronbach's α	Cronbach's α
政策执行力与知晓度	14.91	7.573	0.724	0.541	
政府信息性支持	15.50	10.780	0.022	0.842	
政府工具性支持	14.93	7.532	0.712	0.544	0.701
升学考试制度	14.89	7.628	0.743	0.537	
政府部门间协作	14.96	9.280	0.321	0.708	

经过上述的信度检验之后，本研究对问卷的观测变量（题项）进行了调整，将对应维度删除后的Cronbach's α高于整体的Cronbach's α的观察变量进行剔除，从而确定最终的问卷结构。

2.初测问卷效度检验

效度检验主要用于评价问卷测量工具的有效性。信度检验分为内容效度、结构效度等。内容效度反映的是测量题项对所测变量的有效性。本研究的43个题项是在参考前人相关研究的成熟量表的基础上，结合扎根理论质性研究的结果改编而成。因此，可认为本研究的问卷测量工具的内容效度尚可。本研究采用探索性因子分析（Exploratory Factor Analysis，EFA）来检验结构效度，软件采用SPSS 24.0。在进行探索性因子分析之前，需要用KMO（取样适切性量数）与Bartlett（巴特利特检验）来检测题项之间是否存在共同因素，再根据KMO值和Bartlett的球形检验结果来判断是否可以进行分析。吴明隆指出，KMO值低于0.6则不适合进行分析，KMO值越接近1越适合，此外，Bartlett球形检验的显著性水平要达到显著性要求。检验结果如表5-10所示。KMO值为0.960，Bartlett球形检验结果显著，说明适合进行验证性因子分析。

表5-10　KMO与Bartlett检验

KMO 取样适切性量数		0.960
Bartlett球形检验	近似卡方	7047.674
	自由度	666
	显著性	0.000

在探索性因子分析中，运用主成分分析法，抽取特征值大于1的公因子，累计解释方差达到74.320%。说明所提取的7个公因子能较好地解释整体问卷数据所包含的信息（表5-11）。

表5-11　解释总变异量

成分	初始特征值			提取载荷平方和			旋转载荷平方和
	总计	方差百分比	累积（%）	总计	方差百分比	累积（%）	总计
1	17.919	48.431	48.431	17.919	48.431	48.431	15.260
2	2.350	6.351	54.782	2.350	6.351	54.782	10.987
3	2.194	5.931	60.713	2.194	5.931	60.713	10.542
4	1.619	4.377	65.090	1.619	4.377	65.090	9.278
5	1.357	3.668	68.758	1.357	3.668	68.758	12.843
6	1.125	3.040	71.798	1.125	3.040	71.798	11.519
7	0.933	2.522	74.320	.933	2.522	74.320	1.239

注：提取方法：主成分分析法。

　　旋转后的因子载荷及解释方差如表5-12所示。验证性因子分析结果显示，测量同一维度的各指标可以聚合在一起并按照因子负荷量的大小排列，且各测量指标的因子载荷量均大于0.6。说明优化后的问卷通过效度检验，具有良好的结构效度。

表5-12　旋转后的因子矩阵

题项	成分						
	1	2	3	4	5	6	7
同伴情绪性支持	0.974						
教师情绪性支持	0.907						
父母陪伴性支持	0.861						
父母的认知	0.849						
父母信息性支持	0.849						
父母情绪性支持	0.842						
父母工具性支持	0.841						
教师的榜样作用	0.824						
父母的榜样作用	0.810						
同伴陪伴性支持	0.776						
教师信息性支持	0.736						
体育教师专业能力		0.852					
体育与健康课程满意度		0.834					
学校体育氛围		0.820					
课外体育活动满意度		0.813					
学校重视程度		0.801					
学校信息性支持		0.784					
自我效能			0.872				
自身运动能力			0.816				
自身的认知			0.810				
学业压力			0.795				
兴趣和价值取向			0.766				

（续表）

题项	成分						
	1	2	3	4	5	6	7
体育场馆的可达性				0.857			
学校的可达性				0.826			
社区体育设施				0.824			
学校体育设施				0.820			
体育场馆的可用性				0.636			
政府工具性支持					0.975		
政策执行力与知晓度					0.898		
升学考试制度					0.792		
媒体信息性支持						0.932	
媒体公信力						0.867	
体育明星的榜样作用						0.811	
社区体育氛围							0.852
社区体育组织活跃度							0.842
社区信息性支持							0.719
社区体育活动活跃度							0.972

提取方法：主成分分析法。

旋转方法：凯撒正态化最优斜交法。

a. 旋转在 6 次迭代后已收敛。

经过初测问卷的信效度检验之后，共删除6个题项，保留37个题项，加入个人信息部分形成正式问卷，正式问卷见附件3。

四、实证分析

（一）调查对象及样本选取

采用分层整群抽样法，抽取北京市、沈阳市、武汉市、荆州市、恩施市、长沙市、怀化市、广州市、深圳市九地的小学五年级、六年级，初中一年级、二年级，高中一年级、二年级共六个年级的在校青少年作为调查对象，每地选择2～4所学校参加测试。共发放问卷3000份，回收2651份，回收率为88.4%。经筛选，剔除无效问卷204份，得到有效问卷2447份，有效回收率为81.6%。其中，男性青少年1262人，女性青少年1185人（表5-13）。

表5-13　调查对象情况统计表

分类	组别	计数	百分比（%）
性别	男	1262	51.6
	女	1185	48.4
年级	小学	221	9.0
	初中	1097	44.8
	高中	1129	46.1
地区	华北	658	26.9
	华中	1481	60.5
	华南	308	12.6

（二）信效度检验

初测时已对问卷的整体情况进行了信度检验。因此，正式施测仅需对各维度的信度进行检验即可。由表5-14可知，各维度的Cronbach's α均大于0.8，问卷的整体信度良好。

表5-14　样本数据的各维度信度分析

维度名称	Cronbach's α
个体因素	0.89
媒体支持	0.796
政府支持	0.911
建成环境	0.902
人际关系	0.962
社区支持	0.922
学校支持	0.904

从表5-15可以看出，问卷KMO值为0.978，Bartlett球形检验的sig.值小于0.05，表明问卷效度良好。

表5-15　KMO与Bartlett检验

KMO 取样适切性量数		0.978
Bartlett球形检验	近似卡方	77497.888
	自由度	666
	显著性	0.000

从表5-16可以看出，主成分提取因子7个，共计可以提取原有数据中74.866%的信息。

表5-16　解释总变异量

成分	初始特征值			提取载荷平方和			旋转载荷平方和
	总计	方差百分比	累积（%）	总计	方差百分比	累积（%）	总计
1	18.454	49.877	49.877	18.454	49.877	49.877	15.382
2	2.401	6.489	56.366	2.401	6.489	56.366	11.322
3	1.887	5.099	61.465	1.887	5.099	61.465	11.016
4	1.572	4.249	65.714	1.572	4.249	65.714	11.886
5	1.286	3.476	69.190	1.286	3.476	69.190	12.363
6	1.121	3.028	72.218	1.121	3.028	72.218	10.943
7	0.980	2.647	74.866	0.980	2.647	74.866	11.760

由表5-17可知，对应因子最大的因子系数与预设问卷的结构一致，问卷结构设计合理。综上，本研究所使用的调查问卷具有较好的结构效度。

表5-17　旋转后的因子矩阵

题项	成分						
	1	2	3	4	5	6	7
父母的认知	0.893						
教师的榜样作用	0.865						
同伴陪伴性支持	0.852						
同伴情绪性支持	0.851						
父母信息性支持	0.844						
教师信息性支持	0.841						
教师情绪性支持	0.841						
父母陪伴性支持	0.836						
父母情绪性支持	0.833						
父母的榜样作用	0.827						
父母工具性支持	0.825						
体育与健康课程满意度		0.869					
学校体育氛围		0.831					
学校信息性支持		0.813					
体育教师专业能力		0.803					
课外体育活动满意度		0.797					
学校重视程度		0.797					
学校体育设施			0.863				
体育场馆的可达性			0.853				
社区体育设施			0.839				
体育场馆的可用性			0.837				
学校的可达性			0.806				
自身运动能力				0.862			
兴趣和价值取向				0.852			
自身的认知				0.825			
自我效能				0.823			
学业压力				0.819			

（续表）

题项	成分						
	1	2	3	4	5	6	7
社区信息性支持					0.902		
社区体育活动活跃度					0.893		
社区体育氛围					0.870		
社区体育组织活跃度					0.857		
升学考试制度						0.924	
政府工具性支持						0.920	
政策执行力与知晓度						0.859	
媒体公信力							0.925
媒体信息性支持							0.922
体育明星的榜样作用							0.857

提取方法：主成分分析法。

旋转方法：凯撒正态化最优斜交法。

a. 旋转在 6 次迭代后已收敛。

（三）验证性因子分析与假设检验

借助Amos 24.0软件，采用验证性因子分析对数据进行分析。模型配适度指标如表5-18所示。可以看出，拟合指标均符合适配标准，本研究构建的结构方程模型适配度良好。

表5-18　模型配适度指标

指标	CMIN/DF	GFI	NFI	RFI	IFI	TLI	CFI	RMSEA
数值	2.499	0.968	0.984	0.982	0.99	0.989	0.99	0.025
标准	<3	>0.9	>0.9	>0.9	>0.9	>0.9	>0.9	<0.08

根据青少年身体活动促进社会生态系统模型图（图5-1）及结构方程模型的各因子路径关系分析结果（表5-19）可得：人际关系对个体因素产生显著性

影响，其路径系数为0.344，$P<0.001$，假设1（H1）通过检验；学校支持对个体因素产生显著性影响，其路径系数为0.324，$P<0.001$，假设2（H2）通过检验；社区支持对个体因素产生显著性影响，其路径系数为0.251，$P<0.01$，假设3（H3）通过检验。各题项标准化回归系数如表5-20所示。

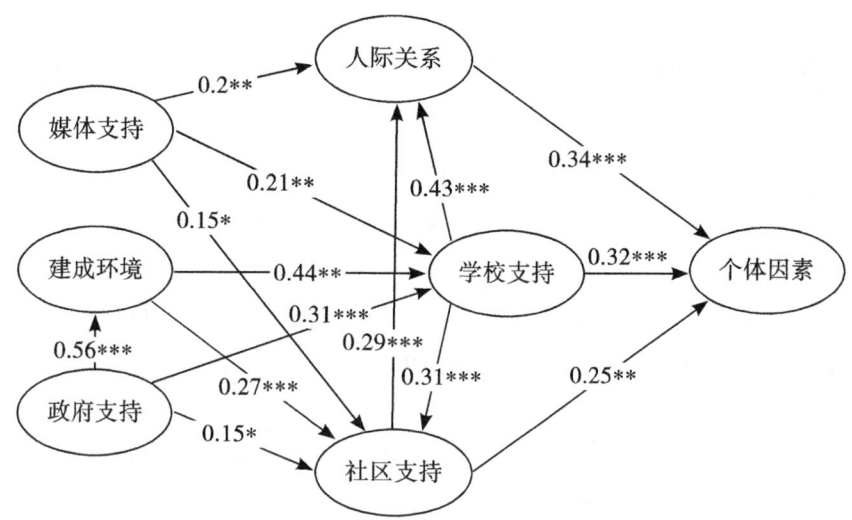

（注：* 为$P<0.05$，** 为$P<0.01$，*** 为$P<0.001$）

图5-1　青少年身体活动促进社会生态系统模型及各因子路径关系

表5-19　结构方程模型的各因子路径关系分析

路径			标准化回归系数	未标准化回归系数	标准误差	T值
建成环境	<---	政府支持	0.564	0.603	0.023	25.769***
学校支持	<---	媒体支持	0.212	0.214	0.017	12.72***
学校支持	<---	政府支持	0.312	0.362	0.024	15.346***
学校支持	<---	建成环境	0.439	0.477	0.022	21.568***
社区支持	<---	政府支持	0.153	0.154	0.022	6.884**
社区支持	<---	媒体支持	0.147	0.129	0.016	8.049**
社区支持	<---	建成环境	0.27	0.255	0.022	11.461***
社区支持	<---	学校支持	0.314	0.273	0.021	12.938***
人际关系	<---	媒体支持	0.204	0.211	0.017	12.487***

（续表）

路径		标准化回归系数	未标准化回归系数	标准误差	T值
人际关系 <---	学校支持	0.434	0.445	0.02	22.654***
人际关系 <---	社区支持	0.29	0.343	0.023	14.797***
个体因素 <---	人际关系	0.344	0.342	0.019	18.089***
个体因素 <---	社区支持	0.251	0.294	0.022	13.382***
个体因素 <---	学校支持	0.324	0.33	0.02	16.683***

表5-20　各题项标准化回归系数表

题项	维度	标准化系数	标准误差	T值	P
升学考试制度	政府支持	0.757			
政府工具性支持	政府支持	0.76	0.026	39.157	***
政策执行力与知晓度	政府支持	0.961	0.028	45.752	***
体育明星的榜样作用	媒体支持	0.932			
媒体信息性支持	媒体支持	0.671	0.023	30.583	***
媒体公信力	媒体支持	0.662	0.023	30.245	***
社区体育氛围	社区支持	0.798			
社区信息性支持	社区支持	0.777	0.022	43.256	***
社区体育活动活跃度	社区支持	0.785	0.022	43.813	***
社区体育组织活跃度	社区支持	0.962	0.021	56.391	***
体育与健康课程满意度	学校支持	0.96			
课外体育活动满意度	学校支持	0.864	0.012	73.452	***
体育教师专业能力	学校支持	0.847	0.013	69.317	***
学校重视程度	学校支持	0.856	0.013	71.418	***
学校信息性支持	学校支持	0.852	0.013	70.516	***
学校体育氛围	学校支持	0.851	0.013	70.133	***
体育场馆的可用性	建成环境	0.826			
体育场馆的可达性	建成环境	0.832	0.02	50.699	***
学校的可达性	建成环境	0.837	0.02	51.215	***
社区体育设施	建成环境	0.822	0.02	49.749	***
学校体育设施	建成环境	0.97	0.018	65.151	***

（续表）

题项	维度	标准化系数	标准误差	T值	P
父母的认知	人际关系	0.973			
父母的榜样作用	人际关系	0.885	0.011	84.737	***
父母情绪性支持	人际关系	0.883	0.011	84.106	***
父母陪伴性支持	人际关系	0.89	0.011	86.549	***
父母信息性支持	人际关系	0.887	0.011	85.55	***
父母工具性支持	人际关系	0.88	0.011	82.905	***
教师情绪性支持	人际关系	0.886	0.011	84.979	***
教师的榜样作用	人际关系	0.884	0.011	84.164	***
教师信息性支持	人际关系	0.889	0.011	86.23	***
同伴情绪性支持	人际关系	0.88	0.011	82.738	***
同伴陪伴性支持	人际关系	0.881	0.011	83.158	***
自身的认知	个体因素	0.964			
兴趣和价值取向	个体因素	0.84	0.013	67.588	***
自我效能	个体因素	0.842	0.013	68.111	***
自身运动能力	个体因素	0.846	0.013	69.02	***
学业压力	个体因素	0.84	0.013	67.66	***

（四）中介效应假设检验

考虑到部分因子可能会间接地影响个体因素，本研究运用 Bollen – Stine Bootstrap （$n=5000$）方法对中介路径进行验证，置信区间设置为95%。Booststrap下限检验值与Booststrap上限检验值之间不包括0为显著，表示中介变量的效果存在；反之则不显著，表示不存在中介效应情况。

从表5-21可以看出：媒体支持会间接影响个体因素，间接效应值为0.246，标准误差0.014，Booststrap下限检验值为0.223，上限为0.266，该置信区间未包含0值，因此，假设5（H5）通过检验；政府支持也会对个体因素产生间接影响，其总的间接效应值为0.434，Booststrap检验置信区间没有包含0值，该间接影响因素显著，具有统计学意义，假设6（H6）通过检验；建成环境也会对个体因素产生间接影响，其总的间接效应值为0.327，Booststrap检验置信区间没有包含0值，同时，根据图5-1的路径关系可以看出，建成环境通过学校支持和社区支持间接影响个体因素，假设4（H4）通过检验。

表5-21 中介效应检验结果

维度	个体因素	标准误	Booststrap下限（95%CI）	Booststrap上限（95%CI）	Z
媒体支持	0.246	0.014	0.223	0.266	17.57***
政府支持	0.434	0.015	0.405	0.465	28.93***
建成环境	0.351	0.015	0.327	0.377	23.4***

（五）结构方程模型的结果分析

通过上述验证性因子分析发现，青少年身体活动促进社会生态系统的确是由多个社会生态要素构成的一个复杂的整体系统，各生态要素对青少年身体活动促进社会生态系统发挥着直接或间接的作用，与此同时，各社会生态要素之间也存在着互动关系。继而，对各社会生态因素及路径展开分析。

1. 人际关系对个体因素的直接影响

人际关系是青少年身体活动促进社会生态系统的最内层，与个体因素密切相关。根据结构方程模型的分析结果可以看出，在人际关系、学校支持、社区支持三个对个体因素有着直接影响的因子中，人际关系的直接影响系数最高，达到0.344（见表5-19），说明人际关系对青少年身体活动的动机有着决定性的作用。同时，人际关系还发挥着重要的枢纽作用，媒体支持、社区支持和学校支持均通过人际关系间接对个体因素施加影响。人际关系因子包含11个观测变量，按其标准化系数的大小排序，排在前5的为父母的认知（0.973）、父母陪伴性支持（0.89）、教师信息性支持（0.889）、父母信息性支持（0.887）、教师情绪性支持（0.886）（见表5-20）。

父母的认知是人际关系维度中标准化系数最高的观察变量。青少年并不是一出生就对身体活动有着深刻的认识，青少年对身体活动的兴趣、态度、价值取向以及参与身体活动的动机等，无一不受到其周围人际交往的影响。父母是青少年人际关系中最为亲密的关系，除了青少年与父母之间的血缘关系之外，青少年与父母长年累月朝夕相伴，个体心理因素深受其父母的影响。青少年会耳濡目染地接收父母对身体活动的认知，从而形成青少年对身体活动的认知[①]，父母的认知还决定了父母对青少年身体活动的支持程度。在父母对青少年身体活动的各种支持中，父母陪伴性支持显得尤为重要。父母陪伴性支持是人际关系维度中标准化系数次高的观察变量。父母身体力行的运动陪伴是给予青少年的最佳身体教育。

2. 学校支持对个体因素的直接影响

学校支持对个体因素的直接影响系数为0.324，排在第二位（见表5-19）。学校支持除了对个体因素具有直接影响外，建成环境、政府支持、媒体支持也可以通过学校支持对个体因素施加间接影响。学校支持包含6个观察变量，按其标准化系数的大小排序，排在前3的为：体育与健康课程满意度（0.96）、课外体育活动满意度（0.864）和学校重视程度（0.856）（见表5-20）。

体育与健康课程满意度是学校支持维度中标准化系数最高的观察变量。学校是教书育人的场所，是对青少年进行塑造的地方，对青少年后天的成长有着不可替代的作用。这就意味着学校对青少年身体活动认知促进也有着深刻的影响，其中最为重要的就是体育与健康课程。体育与健康课程是学校里唯一一个以身体活动为主要手段的课程，同时也是对青少年进行健康促进教育的重要途径。通过体育与健康课程，青少年能够提高对身体活动的认识，掌握运动技能，增强运动能力，促进身体健康。课外体育活动满意度是学校支持维度中标准化系数次高的观察变量。除了体育与健康课程外，课外体育活动对青少年身体活动的促进作用同样值得我们重视。课外体育活动是对体育与健康课程的有机补充，相对于体育课，自由、无拘无束的课外体育活动往往更受青少年的喜爱[②]，课外体育活动更具有兴趣性和自主性。

①Thomas Q T，Dagkas S. Children's engagement in leisure time physical activity：Exploring family structureas a determinant［J］. Leisure Studies，2010，29（1）：53-66.

②Wood Carly，Gladwell Valerie，Barton Jo，et al. A repeated measures experiment of school playing environment to increase physical activity and enhance self-esteem in UK school children［J］. Plos One，2014，9（9）：e108701.

3. 社区支持对个体因素的直接影响

社区支持对个体因素的直接影响系数为0.251，排在第三位（见表5-19）。社区支持除了对个体因素具有直接影响外，建成环境、政府支持、媒体支持也可以通过社区支持对个体因素施加间接影响。社区支持包含4个观察变量，按其标准化系数的大小排序，排在前3的为社区体育组织活跃度（0.962）、社区体育氛围（0.798）和社区体育活动活跃度（0.785）（见表5-20）。

社区体育组织活跃度是社区支持维度中标准化系数最高的观察变量。对于青少年群体来说，除学校外，社区是其接触除家庭以外其他社会关系的重要生活场所。青少年不可避免地要与社区中的人或物产生互动。特别是在上学前后和节假日，社区更是青少年身体活动的主要场所。我国社区体育虽起步较晚，但却是"学校、家庭、社区"三位一体进程中的重要组成部分。社区支持对于青少年身体活动的促进作用会随着社区体育的发展而愈加明显。社区体育组织是社区体育的主体，范卉颖等人的研究表明，社区成立体育组织对青少年身体活动的意向影响十分显著[①]。目前在社区体育中，中老年人还是参与的主体，青少年群体常常遭到忽视，因此，社区体育组织在社区开展体育活动时应给予青少年一定的倾斜与关注，吸引更多的青少年参与社区体育活动。社区体育氛围是社区支持维度中标准化系数次高的观察变量。社区体育组织越活跃，社区体育活动就会越活跃，社区体育活动越活跃，社区整体的体育氛围就会越好。良好社区体育氛围的营造可以使青少年在不知不觉中接受感染与熏陶，增强体育锻炼的意愿，从而促使青少年养成体育锻炼的习惯。

4. 政府支持对个体因素的间接影响

相对于人际关系来说，政府支持处于青少年身体活动促进社会生态系统的最外层，离青少年个体较远，政府支持对个体因素产生间接影响，其总的间接效应值为0.434（见表5-19）。政府支持的间接效应值最大，说明政府支持作为青少年身体活动促进社会生态系统中最为外层的子系统，是所有社会生态要素中影响力最强的。政府支持主要是通过学校支持和社区支持对个体因素产生影响（见图5-1）。政府支持包含3个观察变量，按其标准化系数的大小排序，

---

①范卉颖，唐炎，张加林.上海市青少年运动意愿及其影响因素［J］.上海体育学院学报，2017，41（3）：48-53，63.

依次为：政策执行力与知晓度（0.961）、政府工具性支持（0.76）和升学考试制度（0.757）（见表5-20）。

政策执行力与知晓度是政府支持维度中标准化系数最高的观察变量。党中央、国务院历来高度重视青少年体育工作，近年来，出台了一系列政策以促使社会各界、学校、社区、家长、青少年自身关注青少年健康促进的重要作用。郭建军指出，截至2014年，全国级各省下发的青少年体育相关文件达到了401份[①]。2014年以后，又陆续发布《青少年体育"十三五"规划》《关于进一步加强学校体育工作的若干意见》《青少年体育活动促进计划》等多个重量级文件。青少年已然成为体育、教育、卫生、财政、新闻等众多国家职能部门政策驱动的重要针对人群。《"健康中国2030"规划纲要》更是将青少年列为重点群体，把青少年健康放在核心位置。宏观上的政策驱动在一定程度上激发了全社会对青少年群体的关注，为青少年参与身体活动提供了更多的机会。政府工具性支持是政府支持维度中标准化系数次高的观察变量。政府工具性支持代表了政府在青少年身体活动方面的经济和物质投入。进入新时代以来，政府进一步加大了对青少年体育的投入，体育教师师资力量不足、体育场地设施匮乏、体育资源均等化水平低等现实问题逐步得到了改善，对促进青少年身体活动起到了十分积极的作用。鉴于此，如何有效地利用政策保障青少年身体活动促进的长效性与稳定性是政府支持的关键。

5. 建成环境对个体因素的间接影响

建成环境处于青少年身体活动促进社会生态系统的中间层，是青少年身体活动的物理环境保障。建成环境对个体因素产生间接影响，其总的间接效应值为0.327（见表5-19）。建成环境也主要是通过学校支持和社区支持对个体因素产生影响（见图5-1），包含5个观察变量，按其标准化系数的大小排序，排在前3的为：学校体育设施（0.97）、学校的可达性（0.837）和体育场馆的可达性（0.832）（见表5-20）。

学校体育设施是建成环境维度中标准化系数最高的观察变量。影响青少年学校体育活动参与的因素，除了学校体育与健康课程、学校体育氛围等软环境外，还包括学校的体育场地、体育器材、学校建筑环境等硬件条件，这些条件是青少年在学校进行身体活动的基本条件。萨利斯的研究显示，学校扩大身体

[①]郭建军，杨桦.中国青少年体育发展报告（2015）［R］.北京：社会科学文献出版社，2015：51-85.

活动空间、增加体育设施可以有效提高青少年身体活动水平[1]。学校的可达性是建成环境维度中标准化系数次高的观察变量。青少年几乎每天都往返于学校和社区，建成环境是促进青少年身体活动长效性的可干预因素，而学校的可达性更是青少年交通性身体活动的关键性影响因素。尤因等人的研究证实，家到学校的距离、人行道覆盖率，对青少年积极交通方式有着显著影响[2]。建成环境虽不能对青少年身体活动促进起到决定性的作用，但它是青少年身体活动的物质基础。通过建成环境的优化可以间接地促进青少年身体活动水平。

6. 媒体支持对个体因素的间接影响

从布朗芬布伦纳的生态系统理论来看，媒体处于整个社会系统中的外系统，距个体因素较远，对个体因素的直接影响较小，通常以中系统和微系统为中介逐步影响个体的行为。结构方程模型的验证性因子分析结果也证实了这一点。媒体支持会间接影响个体因素，间接效应值为0.246（见表5-19）。媒体支持主要是通过学校支持和人际关系对个体因素产生影响（见图5-1）。媒体支持包含3个观察变量，按其标准化系数的大小排序，依次为体育明星的榜样作用（0.932）、媒体信息性支持（0.671）和媒体公信力（0.662）（见表5-20）。

体育明星的榜样作用是媒体支持维度中标准化系数最高的观察变量。随着新兴媒体的不断发展，体育明星不断地借助媒体的力量向社会传达其特有的体育价值取向。在对青少年的教育中，榜样教育是至关重要的。体育明星的榜样作用有助于增加青少年的体育认知，增强青少年的体育精神，而媒体是体育明星榜样化的重要介质[3]。媒体信息性支持是媒体支持维度中标准化系数次高的观察变量。青少年易接受新鲜事物，手机、计算机等移动终端正逐渐成为青少年进行自我学习、自我教育的重要途径。媒体信息传输的高效性和广泛性可以给青少年的思想、价值观念、行为倾向带来极大的冲击，从而影响青少年的身体活动行为，同时，媒体信息还可以通过营造健康积极的舆论氛围间接影响青少年。我们应利用新兴媒体自由、互动、开放的特性，将其作为学校体育的辅

①Sallis J F, Mckenzie T L, Conway T L, et al. Environmental interventions for eating and physical activity: A randomized controlled trial in middle schools [J]. American Journal of Preventive Medicine, 2003, 24（3）: 209-217.

②Ewing R, Schroeer W, Greene W. School location and student travel analysis of factors affecting mode choice [J]. Transport Res Rec, 2004, 1895（8）: 55-63.

③马瑞，俞继英. 体育明星崇拜对我国青少年体育精神认知的影响 [J]. 上海体育学院学报，2010, 34（4）: 11-14.

助教学手段，改变原有"灌输式"的教育观念，提供体育明星等的"生动素材"对青少年进行"润物细无声"式的体育教育。

五、讨论

青少年身体活动促进社会生态系统是由多层级、多维度的社会生态要素构成的有机整体。对青少年身体活动的促进既不是某一社会生态要素单方面的作用，也不是某一层级社会生态子系统单方面的作用，而是不同层级、不同维度的社会生态要素共同交互的作用。

结构方程模型的分析结果显示，人际关系、学校支持和社区支持能直接影响青少年的个体因素，三者之中，人际关系的直接影响作用最大，而人际关系中父母的认知和父母陪伴性支持的贡献率最高。父母是青少年身体活动促进进程的起点[1]，同时也是学校、社区乃至整个青少年身体活动促进社会生态系统的基础。由于青少年在生活上对父母的依赖，父母在认知、价值取向、情感、态度等多个个体因素上对青少年的影响极大，父母是其身体活动习惯养成的关键之所在。要突破传统家庭教育"重智育、轻体育"的桎梏，发挥家长在"身体力行"和"言传身教"两个方面对青少年身体活动促进的重要作用。

当前，我国青少年身体活动不足的痼疾在很大程度上是因为各社会生态要素之间存在割裂，各社会生态要素融合的全面性和深入性不够，无法有效形成合力。正如前面进行扎根理论访谈时，一位体育教师所反映的具体实践中的情况：青少年在学校体育与健康课程上接受了运动技能的学习，青少年在课堂上掌握得较好，但回到社区后，因社区体育的设施、活动、组织各方面条件难以为青少年身体活动提供保障，使得学校支持与社区支持无法为青少年身体活动促进建立有效连接，从而导致青少年身体活动的积累效应被弱化。学校支持与社区支持这两个社会生态要素出现了脱节，而这种脱节有一部分原因又来自政府支持和建成环境的间接影响。如果各个生态要素之间不能形成良好的衔接与互动，将会大大影响青少年身体活动促进的效果。

我国青少年身体活动促进的困境还在于学校，特别是学校体育，承载的使

---

[1] 张加林，唐炎，胡月英. 我国儿童青少年体育环境特征与存在问题研究［J］. 体育科学，2017，37（3）：21-34，97.

命过大。学校被全社会公认为是青少年体育活动进行的最主要的场所，认为学校应对青少年体质健康负主要责任。大量的国内外研究的确证实了学校支持在青少年身体活动促进中的重要性，但学校支持仅仅是青少年身体活动促进社会生态系统的一部分，其对青少年身体活动的影响力是有限的。我国部分学者提出了"家、校、社一体化"的青少年体质健康促进思路，然而家庭、学校、社区三者发展不均衡的现实境况依然存在，学校仍然是我国青少年身体活动促进的主要依托，家庭和社区的作用被弱化。相较于学校，青少年在家庭和社区通常会进行自主性的身体活动，可以根据自己的兴趣来选择不同类型的身体活动，更利于发挥青少年身体活动的主观能动性。

青少年身体活动促进社会生态系统的实证研究表明，各层级的社会生态要素需各尽其能、各司其职、相互协调，实现系统内协调有序的统一，才能更好地促使其发挥整体的合力。

第六章　青少年身体活动促进的实现路径

从青少年身体活动促进社会生态系统来看，不同的社会生态元素通过社会生态系统的搭建来实现各种社会资源的有效配置，以此达到对青少年身体活动的"善治"。具体对策提出是理论模型构建与验证的出发点和落脚点，我国青少年身体活动促进社会生态系统还需结合前面研究所述的我国青少年身体活动的现实状况与困境以及国外先进经验来设计具体的实现路径，这样才能保证青少年身体活动促进社会生态系统能够切合实际，从而打破束缚青少年身体活动促进的藩篱。本研究部分在前面研究的基础上，基于社会生态系统理论和社会支持理论，结合青少年身体活动促进社会生态系统，立足于青少年身体活动促进现实困境的审视，提出政府、媒体、学校、社区、家庭等多元主体支持青少年身体活动促进的具体实现路径。

一、政府主导：加强顶层设计，构建引导型政策环境

（一）完善政策体系，保障政策有效供给

首先，政府要开展健康促进立法工作，充分保障青少年参与身体活动的基本权利。青少年健康权的维护有赖于国家完善的法制保障。要全面提高青少年体质健康，可以借鉴美国等西方政府的做法，对青少年健康促进的权益保障进行立法。立法工作须由教育、体育、财政等多个政府部门共同参与，聘请法律、教育、体育、卫生等领域专家进行咨询研讨，由家长代表、校长代表、教师代表、社区代表和社会组织代表等各社会生态元素主体代表共同参与制定，建立多元协商、多元治理的有效机制。确保法律法规的可操作性，与时俱进调

整法律法规的时效性。

其次，通过政府主导修改制定体质测量与评价的相关政策，将传统的单一体质测量与评价转化为体质健康与身体活动综合评价。政府应在进一步完善《国家学生体质健康标准》体系的同时，借助大数据、云计算、人工智能等先进科技手段，对青少年身体活动总量、学校体育活动、久坐行为、积极交通方式、家庭劳动参与、社区体育参与等进行监测，构建家庭、学校、社区三方信息共享的"青少年健康促进评价体系"。

最后，政府要保障政策实施的深度和广度。深度表现在：政府除了制定宏观上的指导性政策以外，还需结合具体的目标，出台相应的具体实施方案。进一步明确各社会生态元素的职责与作用，为各方提供具体的、可操作的指南。比如中共中央、国务院《关于加强青少年体育增强青少年体质的意见》提出"确保学生每天锻炼一小时"，那么如何落实这一目标？各方需要具体怎么做？可以参考澳大利亚、美国等政府的做法（图6-1～图6-3），由卫生部或疾控中心牵头，联合各政府部门颁布具有针对性、可操作性的指南。广度表现在：政府处于社会生态系统的最远端，其影响具有广泛性和全面性。政府出台的政策要涵盖学校体育、全民健康教育、建成环境、城市规划、交通运输、大众媒体等众多范畴，形成多维度的全面性、综合性、系统性治理。

图6-1　澳大利亚儿童青少年健康成长与发展指南（家长和学校教育者版）

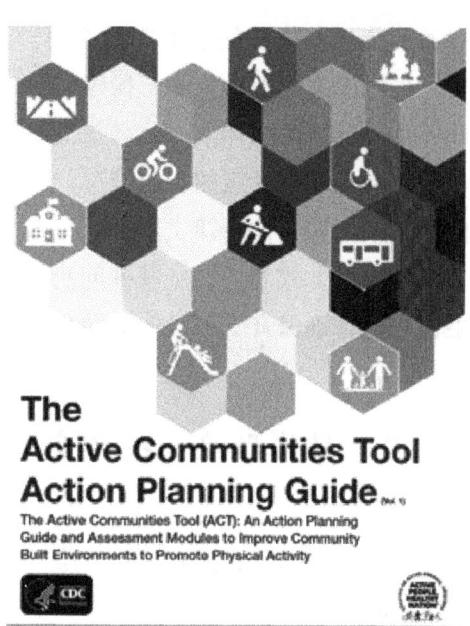

图6-2 美国青少年身体活动促进指南 （社区的角色）　　图6-3 美国活力社区指南（建成环境）

（二）加强监管与问责，增强政策执行力

目前，党和国家出台了一系列高度关注青少年健康的文件，但是政策的整体执行力不高。《关于进一步加强学校体育工作若干意见》指出，各地人民政府要认真履行发展学校体育的职责，将学校体育发展纳入本级政府年度工作报告。实际情况是除极个别地方政府外，大部分地方政府的年度工作报告均未提及青少年体育的相关问题。再者，很多地方已经提出把学生体质健康水平纳入教育行政部门和学校工作的考核指标体系之中，作为教育部门和学校领导干部业绩考核的重要内容。比如，很多地区都以教育厅或教育局的名义下发文件，规定凡连续三年学生体质下降，将直接问责教育局局长或学校校长。但是目前的问责制只是存在于一些政府的工作方案之中，流于形式，并没有"落地"，导致青少年身体活动促进举步维艰。政策的实施关键在于落实，而加强监管、问责、明确责任主体是落实政策的不二法门。因而，严格执行问责制迫在眉睫，对于侵害青少年健康

权益的责任主体必须给予严厉处罚。

具体措施如下：首先，构建监管评估体系。创立操作性强的政策执行绩效评估指标体系与评估方式，成立专业性监督与评估机构，检查与督促青少年身体活动相关政策的执行情况。其次，建立问责机制。制定关于青少年身体活动问责的具体法律文本，明确规定问责的主体、问责的对象、问责的情形、问责的方式等，实施精准问责，使问责成为常态，增强各方的责任感和主体意识，确保青少年身体活动相关政策执行到位。

二、媒体助力：提升介入程度，营造良好舆论环境

（一）重塑舆论语境

媒体作为大众舆论的风向标，可全面塑造支持青少年参与身体活动的舆论环境。对青少年身体活动促进舆论环境的支持表现在：首先，宣传政策。通过媒体对政策的解读使青少年、家长、教师等群体准确理解青少年健康促进政策的内容，帮助其消化、认同政策。其次，为青少年提供健康教育以及身体活动的知识与信息。媒体可通过其信息性支持为青少年普及身体活动相关的知识和技能，使青少年了解身体活动与体质健康的关系、如何科学进行身体活动、如何避免运动损伤等信息。再次，媒体还可通过体育类节目为青少年提供身体活动的娱乐途径。比如，体育赛事节目的传播，不仅可以让青少年了解体育知识，同时还起到了放松身心的娱乐作用，并能塑造体育明星的阳光健康形象，引起青少年的积极效仿。最后，营造青少年积极参与身体活动的良好舆论氛围。媒体具有广泛的触及性，应强化社会支持网络对青少年身体活动的认识。在全社会营造人人参与、个个支持青少年身体活动的浓厚氛围，提高青少年参与身体活动的影响力和社会认可度，达到学校、家长及全社会以青少年优秀体育表现为荣的目的，使智育与体育并驾齐驱。

（二）发挥监督职能

媒体在促进青少年身体活动的过程中，担负着重要的监督职能。首先，

媒体必须坚持正确的政策导向。媒体要紧贴政府关于青少年体质健康的相关政策，关注青少年健康促进的热点、焦点与难点问题，加强健康信息传播的审核与监管力度，与体育、疾控、卫生、教育等政府部门建立信息共享机制与权威发布联动机制，保证媒体信息的安全性、科学性和有效性。其次，媒体应维护青少年身体活动的健康权益。对侵害青少年健康权益的行为进行及时报道，揭露负面的社会现象，宣传正面典型案例，弘扬社会正能量，形成良好的社会规范。最后，媒体应及时回应多方诉求。青少年、家长、学校、社区等可以通过媒体向政府表达身体活动的诉求与建议，媒体应主动邀请政府部门负责人根据青少年体质健康的相关政策，积极予以回应。

三、学校主推：紧跟政策导向，激发学生内生动力

（一）用好升学考试指挥棒

各学校应根据国家、地方政府关于升学考试制度中有关体育考试的相关规定，以规定为导向，结合学校实际情况，制定符合学校实际的学校体育改革方案，充分调动青少年参与身体活动的积极性。主要内容包括：首先，建立校长牵头的体育运动委员会，全面领导学校的体育工作，全方位优化学校体育的支持环境。其次，深化学校体育改革，以发展体育与健康学科核心素养为导向，按照既符合体育升学考试改革的要求，又能全面培养学生对身体活动的兴趣，还能促进学生体质的原则，改革体育教师引进与培养机制、优化体育与健康课程内容、丰富课外体育活动等。再次，优化学校建成环境，加大学校体育硬件建设，完善体育运动设施，保障青少年即使在恶劣天气条件下也能开展正常的体育活动；开放学校体育资源，允许青少年在放学后使用学校体育设施。最后，注重体育文化建设，加强体育运动精神宣传，普及青少年健康促进知识，营造良好的校园体育氛围，开展经常性的体育活动，做到"月月有主题，周周有竞赛，日日有活动"。

（二）建立指导与督导制度

学校处在青少年身体活动促进社会生态系统的中间层，但是教师处于系

统的近端，教师提供的社会支持是青少年身体活动促进必不可少的一环。首先，学校可以给学生配备专门的健康促进教师。可以由专业体育教师担任也可由其他具有相关资质的教职员工担任，主要负责对学生进行健康教育、健身指导、督促课外体育活动的开展，自身也要求参与学校的体育活动中，在进行自我锻炼的同时还可以给予青少年陪伴性支持；另外，通过信息性支持给予学生必要的指导，对于体质健康达标的学生给予一般的干预方案，指导其身体活动方法和技巧。对体质不达标的学生给予重点关注，一方面要为其制订个性化的干预方案，另一方面要督促其坚持按照个性化方案执行。其次，学校要实行专项督导制度，其目的是促进学校能够按照要求将青少年身体活动方案落到实处。明确规定学生大课间体育活动、课外体育活动的时长、运动负荷、强度等指标，要求学生课间休息时必须停止久坐行为，进行适量的身体活动；此外，学校还应加强对学校体育的监督和检查，组织督导不定期地检查体育课、课外体育活动等工作的落实情况。

四、社区联动：发挥社区作用，构建协同发力态势

（一）推进社区建成环境建设

从青少年心理与服务需求来看，青少年身体活动更偏好就近、便捷，更倾向从所居住的社区中获得持续、稳定的服务，这样也便于家长的陪伴、引导与督促。社区是有效连接家庭与学校、家庭与政府的关键环节，是青少年身体活动开展的重要场所，便于青少年就近参与身体活动。当前，我国城市规划和建筑设计由于缺乏对青少年身体活动前瞻性和整体性的考虑，大部分社区公共设施和建筑设计都忽视青少年群体身体活动的特殊需求，影响了青少年身体活动的效果。因此，首先，要做好社区建成环境规划。社区建成环境规划和建设应当符合青少年身体活动的特点和现实需求，为青少年积极娱乐和参与身体活动创造安全、便利、舒适的建成环境。其次，本着普适性、实用性、科学性、低成本的原则，根据青少年身心发展的规律，在社区公园、住宅小区房前屋后修建适合青少年身体活动的场地，配建相应设施，让青少年出门就有地方活动、下楼就有设施锻炼。

（二）推动"家、校、社一体化"建设

青少年身体活动的促进，需依托社区、学校及家庭的有序连通与角色互补。其中，社区的衔接作用对于家校联动而言可扮演重要的驱动角色。以社区驱动与衔接为依托，推动青少年家庭及学校的联动与沟通，并通过多种家校沟通举措及制度搭建互动路径，实现社区从边缘向中心的转移，对于青少年身体活动促进而言极具价值意义。具体来说，首先，建立青少年健康教育课堂。社区可通过构建"家长学校"、举办"家长培训班"等方式拉近学校教师与家庭之间的教育关系，可组织有经验的体育教师、专家为青少年家长授课，建立及推动青少年家庭健康教育课堂，引导青少年家长正确实施对青少年身体活动的引导与监管，向青少年和家长推广步行和骑行上下学的安全方式。其次，充分发挥"1+1+1＞3"的组合效力，社区作为枢纽，应有效衔接家庭和学校，发挥社区的联络、协调以及宣传作用，有效整合三方资源，形成"学校主导、社会支持、家庭参与"的三方协同发展态势。借助现代的信息化手段，优化社区、学校和家庭的沟通，向社区的青少年家长宣讲身体活动的重要性，推送青少年健康促进策略，同时向学校反馈青少年在社区的身体活动情况。最后，在青少年的生活空间之中，社区能以其空间承载优势消除学校与家庭在青少年身体活动促进方面的职能断裂。

（三）培育体育服务志愿者

探索社区青少年体育服务志愿者队伍建设，完善社区青少年体育服务体系，吸引更多的体育、卫生专业人员参与社区青少年服务工作。首先，设立专门的青少年身体活动指导员队伍。指导员要具备健康教育、健身理论指导与咨询能力、组织与控制能力及应对突发事故的能力，还要具备健身效果评价与身体活动评价能力。其次，由于志愿服务的公益性和无偿性，易造成社区指导员队伍流失，因此，为维护青少年身体活动指导员队伍的稳定，可以参考西方国家的"义工制"，推行社区志愿者服务认定制度，建立健全社区志愿者招募注册、培训管理、任务记录、服务评价、证明出具与工作激励等制度，通过制度的激励使高校体育专业在校生、高校体育专业毕业生、体育教师、体育教练、

退休人员、体育后备人才、退役运动员、体育爱好者等参与社区青少年身体活动服务工作，并将志愿者社区服务评价作为其晋升、升学等的有效依据，增强志愿者队伍的稳定性。最后，以社区体育场馆和设施为基础，建立青少年身体活动志愿服务站，建立和完善志愿者服务项目，以志愿服务项目来推动青少年身体活动服务。

五、家庭配合：营造良好环境，助推青少年身体活动

（一）引导青少年养成身体活动习惯

家庭教育是青少年一生中接受教育的起点，家庭可以给青少年强烈的归属感，家长对青少年的影响巨大。在青少年身体活动方面，家庭可以为青少年提供参与身体活动的信息性和情绪性支持。首先，家长要帮助青少年树立正确的健康理念。作为家长有必要给青少年灌输身体健康的重要性及参加身体活动的必要性。其次，家长要引导青少年养成习惯。督促青少年从小就开展身体活动，养成身体活动的良好习惯。最后，营造家庭身体活动氛围。家长通过率先垂范，经常参加各种类型的身体活动，鼓励青少年进行身体活动，并引导青少年做一些力所能及的家务劳动，积极培养青少年良好的身体活动意识，使青少年关注自身健康，主动投身身体活动。总而言之，在青少年成长的过程中，作为监护人和密切接触时间最长、最了解的人，家长要始终重视通过自身正确的健身理念及良好的身体活动习惯，引导及督促其形成参加身体活动的习惯并保持高度的自觉。

（二）为青少年提供全方位服务保障

鉴于家庭的重要性及其所承载的教育功能、娱乐功能、消费功能和情感交流功能等与身体活动的高度关联性，家庭还可为青少年身体活动提供工具性、陪伴性支持。首先，提供资金支持。家庭成员是否愿意为参与身体活动的青少年提供活动器材、服装、培训等方面的经费支持，在很大程度上影响青少年身体活动的参与效果。因此，家庭应主动为青少年参加身体活动承担

运动装备等方面的开支。其次，陪伴青少年一起参与身体活动。父母及其他家庭成员要抽出时间陪伴青少年参加身体活动，这样既有助于满足青少年需要陪伴的精神慰藉，又有利于培养青少年参加身体活动的兴趣。再次，家长要保障青少年参加身体活动的时间。在青少年参加身体活动时间方面，家庭起着决定性作用，尽可能地减少青少年久坐行为和屏前娱乐的时间，增加青少年户外活动的时间。最后，家长要加强与学校的交流，及时反馈青少年在校外身体活动中的表现及效果，达到家校联合，共同推进青少年积极开展身体活动的目的。

第七章　研究结论与展望

一、主要研究结论

（1）我国青少年身体活动总量的中位数为34.38 METy·h/week，根据《中国儿童青少年身体活动指南》的建议，青少年每周的身体活动量不得低于30 METy·h/week，而本研究的结论为只有40.82%的青少年达到了每周身体活动推荐量，男性青少年为44.74%，高于女性青少年的36.47%。

（2）校外体育活动方面，四种类型的身体活动当中，校外体育活动量的中位数水平最高，为54.17METy·h/week。最受青少年欢迎的校外体育活动是球类。女性青少年校外体育活动的参与率和身体活动量均低于男性青少年，居住在城市的青少年校外体育活动的参与率高于居住在农村的青少年。

（3）学校体育活动方面，学校体育活动量的中位数为11.07 METy·h/week，青少年每周参与学校体育活动次数的均值为5.50次。

（4）家务性身体活动方面，家务性身体活动量的中位数为7.70 METy·h/week。青少年家务性身体活动的参与状况堪忧，青少年参与家务性身体活动的仅占18.65%，81.35%的青少年完全不参与家务性身体活动。

（5）交通性身体活动方面，交通性身体活动量的中位数为6.67 METy·h/week，是四种类型的身体活动当中中位数水平最低的。采用步行和骑行作为上下学通勤方式的青少年占45.67%，采用其他交通方式的青少年占54.33%。

（6）从2004年到2009年，各省青少年每周身体活动总量的中位数逐渐提高，到2009年达到顶峰，从2009年到2015年，各省青少年每周身体活动总量又出现逐渐下滑的趋势。

（7）运用扎根理论的质性研究方法识别了青少年身体活动促进社会生态系统的结构维度："个体因素、人际关系、学校、社区、建成环境、媒体、政府"7个核心类属和43个二级节点。在此基础上,构建了青少年身体活动促进社会生态系统的理论模型。

(8)在扎根理论质性分析的基础上,借鉴国内外学者相关研究的成熟量表,完成了问卷和量表的编制,并通过结构方程模型对青少年身体活动促进社会生态系统进行了验证。

(9)从验证性因子分析的结果发现,人际关系、学校支持、社区支持均可以对个体因素产生直接的显著性影响,媒体支持、政府支持、建成环境会间接影响个体因素。

(10)提出了我国青少年身体活动促进的实现路径:政府主导,加强顶层设计,构建引导型政策环境;媒体助力:提升介入程度,营造良好舆论环境;学校主推:紧跟政策导向,激发学生内生动力;社区联动:发挥社区核心作用,构建协同发力态势;家庭配合:营造良好环境,助推青少年身体活动。

二、不足之处与展望

当前,我国青少年身体活动相关研究正如火如荼地展开,青少年身体活动的研究不仅集中在体育科学领域,在预防医学、公共卫生学、地理科学、城市规划、心理学等研究领域均备受学者关注。各个领域学者的研究成果为本研究奠定了十分坚实的基础。然而,青少年身体活动促进涉及社会生态系统的方方面面,各生态要素之间的关系纷繁复杂,受个人研究水平所限,本研究仍存在以下不足之处:

(1)本研究选取CHNS数据库作为本研究描述性统计分析的数据来源,CHNS是国内最早开放的数据库之一,在国内的运用较为成熟。但是,CHNS并不是专门针对青少年人群的数据库,经过年龄等相关限制条件的筛选后,并没有达到理想的样本量,无法对10~18岁青少年分年龄段进行分析。

(2)CHNS数据库缺失我国西部地区的数据,无法反映出我国青少年身体活动现状的全貌,且由于数据库更新的滞后性,本研究的现状描述选取的是2015年的数据,无法准确反映出当前我国青少年身体活动的现状。

(3)在媒体支持和政府支持等方面,由于国内外缺乏相适应的量表,本研究虽借助扎根理论质性研究完成了相应量表的编制，但其有效性还有待今后研究的进一步论证。

（4）本研究立题之初，试图借助社会生态学、社会支持理论等多种理论的融合，深度挖掘各社会生态要素之间的交互关系，但因个人在交叉学科理论方面积累相对薄弱，虽在一定程度上论证了各社会生态要素之间的路径关系，但在具体的促进方式、促进效应、相互影响机制等方面还有很大的挖掘空间。

参考文献

［1］万炳军，曾肖肖，史岩，等．"健康中国"视域下青少年体育使命及其研究维度的诠释［J］．体育科学，2017，37（10）：3-12．

［2］刘国永．实施全民健身战略，推进健康中国建设［J］．体育科学，2016，36（12）：3-10．

［3］万炳军，史岩，曾肖肖．"健康中国"视域下体育的价值定位、历史使命及其实现路径——基于习近平治国理政的思想与战略［J］．北京体育大学学报，2017，40（11）：1-9．

［4］The N S，Suchindran C，North K E，et al. Association of adolescent obesity with risk of severe obesity in adulthood［J］．JAMA，2010，304（18）：2042-2047．

［5］Patton G C，Olsson C A，Skirbekk V，et al. Adolescence and the next generation［J］．Nature，2018，554（7693）：458-466．

［6］Hallal P C，Andersen L B，Bull F C，et al. Global physical activity levels：surveillance progress，pitfalls，and prospects.［J］．Lancet，2012，380（9838）：247-257．

［7］汪晓赞，郭强，金燕，等．中国青少年体育健康促进的理论溯源与框架构建［J］．体育科学，2014，34（3）：3-14．

［8］World Health Organization. Global recommendations on physical activity for health［M］．Geneva：World Health Organization，2010．

［9］Currie C，Zanotti C，Morgan A，et al. Social determinants of health and well-being among young people［R］．Copenhagen：World Health Organization Regional Office for Europe，2012．

［10］章建成，张绍礼，罗炯，等．中国青少年课外体育锻炼现状及影响因素研究报告［J］．体育科学，2012，32（11）：3-18．

［11］中国互联网络信息中心.第42次中国互联网络发展状况统计报告［EB/OL］.（2018-08-20）［2021-10-19］.http：//www.cac.gov.cn/2018-08/20/c_1123296882.htm.

［12］中国学生体质与健康研究组.2014年中国学生体质与健康调研报告［M］.北京：高等教育出版社，2016.

［13］马军.关注儿童青少年身体活动不足增强其身体素质［J］.中国儿童保健杂志，2014，22（11）：1121-1123.

［14］张世伟，马军，宋逸，等.北京亚运村及周边地区中学生日常体力活动现状分析［J］.中国学校卫生，2008（7）：594-595.

［15］马军，吴双胜，李百惠，等.五个城市不同营养状况中小学生体力活动现状调查［J］.中国学校卫生，2009，30（3）：214-217.

［16］李培红，王梅.中国儿童青少年身体活动现状及相关影响因素［J］.中国学校卫生，2016，37（6）：805-809，813.

［17］李海燕，陈佩杰，庄洁.上海市青少年体力活动现状与体质健康相关性研究［J］.上海预防医学，2011，23（4）：145-149.

［18］何晓龙，庄洁，朱政，等.影响儿童青少年中高强度体力活动的建成环境因素——基于GIS客观测量的研究［J］.体育与科学，2017，38（1）：101-110.

［19］何晓龙，陈佩杰，庄洁，等.城市蔓延影响青少年体力活动研究的地理信息指标分析［J］.体育科学，2013，33（3）：38-48.

［20］司琦，苏传令，Kim Jeongsu.青少年校内闲暇时间身体活动影响因素研究［J］.首都体育学院学报，2015，27（4）：341-345.

［21］郑育滨，温煦，谢小菲，等.青少年身体活动水平与父母教养方式关系［J］.中国学校卫生，2012，33（5）：586-588.

［22］戈莎.生态因素对我国城市青少年身体活动行为影响的研究［D］.北京：北京体育大学，2012.

［23］郭强.中国儿童青少年身体活动水平及其影响因素的研究［D］.上海：华东师范大学，2016.

［24］李海燕，庄洁，陈佩杰.上海市11~16岁青少年体力活动能量消耗参考值研究［J］.中国运动医学杂志，2013，32（1）：14-19.

［25］储文杰，王志勇，周海茸，等.儿童青少年体力活动量表的信度和效度分析［J］.中华疾病控制杂志，2014，18（11）：1079-1082.

［26］Welk G J, Corbin C B, Dale D. Measurement issues in theassessment of physical activity in children ［J］. Res Q Exerc Sport, 2000, 71（2 Suppl）: S59- 73.

［27］张子龙, 马军, 王海俊, 等. 北京市7～14岁儿童青少年身体活动能量消耗状况［J］. 中国学校卫生, 2013, 34（5）: 547-550, 553.

［28］李海燕, 陈佩杰, 庄洁. 运动传感器（SWA）在测量青少年日常体力活动水平中的应用［J］. 上海体育学院学报, 2010, 34（3）: 46-48.

［29］关尚一, 朱为模. 身体活动与青少年代谢综合征风险的"剂量—效应"关系［J］. 西安体育学院学报, 2013, 30（2）: 211-216.

［30］关尚一, 朱为模. 身体活动与青少年肥胖风险的"剂量—效应"关系［J］. 上海体育学院学报, 2013, 37（4）: 68-72.

［31］洪俊睿, 袁琼嘉, 王涛, 等. Actigraph传感器在青少年体力活动能量消耗测试中的应用［J］. 上海体育学院学报, 2013, 37（3）: 64-65, 88.

［32］王超. 中国儿童青少年日常体力活动推荐量研究［D］. 上海: 上海体育学院, 2013.

［33］全明辉, 何晓龙, 苏云云, 等. 基于GPS与加速度计的儿童青少年体力活动空间特征追踪研究［J］. 体育与科学, 2017, 38（1）: 111-120.

［34］李新, 王艳, 李晓彤, 等. 青少年体力活动问卷（PAQ-A）中文版的修订及信效度研究［J］. 北京体育大学学报, 2015, 38（5）: 63-67.

［35］熊明生, 周宗奎. 国外儿童青少年身体活动与运动动机研究述评［J］. 武汉体育学院学报, 2008（1）: 62-67.

［36］于海峰, 杨兆山, 盖笑松. 美国青少年休闲性身体活动教育研究及其启示［J］. 外国教育研究, 2008, 35（12）: 55-58.

［37］李红娟. 美国青少年体质研究趋势——体质测定到体力活动促进［J］. 北京体育大学学报, 2015, 38（8）: 65-71.

［38］吴薇, 陈佩杰, 何晓龙. 美国《国民体力活动计划》及其2014年儿童青少年体力活动工作报告解析与启示［J］. 中国运动医学杂志, 2015, 34（4）: 420-424.

［39］张加林, 唐炎, 胡月英. 加拿大儿童、青少年身体活动评价的经验与启示［J］. 体育科学, 2015, 35（9）: 90-96.

［40］郭强, 汪晓赞. 儿童青少年身体活动研究的国际发展趋势与热点解析——基于流行病学的视角［J］. 体育科学, 2015, 35（7）: 58-73.

［41］韩慧，郑家鲲. 西方国家青少年体力活动相关研究述评——基于社会生态学视角的分析［J］.体育科学，2016，36（5）：62-70，77.

［42］张加林，唐炎，胡月英，等.基于人类发展指数的儿童青少年身体活动国际比较［J］.体育科学，2016，36（1）：3-11.

［43］邓士琳，杜玉开.青少年时期体力活动对绝经后骨质疏松症发生的影响［J］.中国妇幼保健，2008（33）：4773-4775.

［44］邹志春，陈佩杰.青少年体质、体力活动与心血管疾病发生风险之关系［J］.上海体育学院学报，2010，34（6）：50-54.

［45］朱红，张欣，刘新民，等.儿童青少年体力活动特征及其对生长发育和代谢指标的影响［J］.中国校医，2011，25（12）：893-894.

［46］关尚一，李良鸣，廖八根，等.体力活动与青少年心血管代谢健康风险的"剂量—效应"关系研究进展［J］.广州体育学院学报，2012，32（2）：100-105，128.

［47］Baror O. Juvenile obesity, physical activity, and lifestyle changes: cornerstones for prevention and management［J］. Physician & Sports medicine, 2000, 28（11）：51-58.

［48］Marshall S J, Biddle S J H, Gorely T, et al. Relationships between media use, body fatness and physical activity in children and youth: a meta-analysis［J］. International Journal of Obesity, 2004, 28（10）：1238-1246.

［49］Gregory J, Welk. The youth physical activity promotion model: A conceptual bridge between theory and practice［J］. Quest, 1999, 51（1）：5-23.

［50］Gordonlarsen P, Mcmurray R G, Popkin B M. Determinants of adolescent physical activity and inactivity patterns.［J］. Pediatrics, 2000, 105（6）：E83.

［51］Pate R R, Heath G W, Dowda M, et al. Associations between physical activity and other health behaviors in a representative sample of US adolescents［J］. American Journal of Public Health, 1996, 86（11）：1577-1581.

［52］Molnar D, Livingstone B. Physical activity in relation to overweight and obesity in children and adolescents［J］. European Journal of Pediatrics,

2000, 159（1）: S45-S55.

[53] Telama R, Yang X. Decline of physical activity from youth to young adulthood in Finland [J]. Med Sci Sports Exerc, 2000, 32（9）: 1617-1622.

[54] Fox K R, Riddoch C. Charting the physical activity patterns of contemporary children and adolescents [J]. Proceedings of the Nutrition Society, 2000, 59（4）: 497-504.

[55] Pearson N, Braithwaite R E, Biddle S J H, et al. Associations between sedentary behaviour and physical activity in children and adolescents: a meta-analysis [J]. Obesity Reviews, 2014, 15（8）: 666-675.

[56] Pugliese J, Tinsley B. Parental socialization of child and adolescent physical activity: a meta-analysis [J]. J Fam Psychol, 2007, 21（3）: 331-343.

[57] Rodríguez D A, Cho G H, Evenson K R, et al. Out and about: association of the built environment with physical activity behaviors of adolescent females [J]. Health & Place, 2012, 18（1）: 55-62.

[58] Floyd M F, Bocarro J N, Smith W R, et al. Park-based physical activity among children and adolescents [J]. American Journal of Preventive Medicine, 2011, 41（3）: 258-265.

[59] Timperio A, Gilescorti B, Crawford D, et al. Features of public open spaces and physical activity among children: findings from the CLAN study [J]. Preventive Medicine, 2008, 47（5）: 514-518.

[60] 牛翠娟, 娄安如, 孙儒泳, 等. 基础生态学 [M]. 3版. 北京: 高等教育出版社, 2015.

[61] Bronfenbrenner, Urie. Ecology of the family as a context for human development: Research perspectives [J]. Developmental Psychology, 1986, 22（6）: 723-742.

[62] Mcleroy K R, Bibeau D, Steckler A, et al. An ecological perspective on health promotion programs [J]. Health Educ Q, 1988, 15（4）: 351-377.

[63] Stokols D. Establishing and maintaining healthy environments: Toward a social ecology of health promotion [J]. American Psychologist, 1992, 47

（1）：6-22.

[64] Sallis J F, Patterson T L, Buono M J, et al. Relation of cardiovascular fitness and physical activity to cardiovascular disease risk factors in children and adults [J]. American Journal of Epidemiology, 1988, 127（5）：933-941.

[65] Spence J C, Lee R E. Toward a comprehensive model of physical activity [J]. Psychology of Sport & Exercise, 2003, 4（1）：7-24.

[66] Caspersen C J, Christenson P G M. Physical activity, exercise, and physical fitness: Definitions and distinctions for health-related research [J]. Public Health Reports, 1985, 100（2）：126-131.

[67] 胡亦海. 竞技运动训练理论与方法 [M]. 北京：人民体育出版社，2014.

[68] World Health Organisation. Orientation programme on adolescent health for health care providers [C]. Geneva, 2006.

[69] 林崇德. 发展心理学 [M]. 北京：人民教育出版社，2009.

[70] Sallis J F, Owen N. Physical activity and behavioral medicine [M]. Thousand Oaks, CA: Sage, 1999.

[71] 李红娟. 体力活动与健康促进 [M]. 北京：北京体育大学出版社，2012.

[72] World Health Organization. The Ottawa Charter for Health Promotion [EB/OL]. （1986-11-21）[2020-07-11]. https://www.who.int/healthpromotion/conferences/previous/ottawa/en/.

[73] Bronfenbrenner U. The Ecology of Human Development [M]. Harvard University P, 1979.

[74] 师海玲，范燕宁. 社会生态系统理论阐释下的人类行为与社会环境——2004年查尔斯·扎斯特罗关于人类行为与社会环境的新探讨 [J]. 首都师范大学学报：社会科学版，2005（4）：94-97.

[75] Public Health Agency of Canada. Population health promotion: An integrated model of population health and health promotion [EB/OL]. （2001-12-08）[2021-07-27]. https://www.canada.ca/en/public-health/services/health-promotion/population-health/population-health-promotion-integrated-model-population-health-health-promotion. html.

[76] Cobb S. Social support as a moderator of life stress [J]. Psychosomatic Medicine, 1976: 38.

[77] Cohen S, Wills T A. Stress, social Support, and the buffering hypothesis [J]. Psychological Bulletin, 1985, 98（2）: 310-357.

[78] Cullen, Francis T. Social support as an organizing concept for criminology: Presidential address to the academy of criminal justice sciences [J]. Justice Quarterly, 1994, 11（4）: 527-559.

[79] 刘书林. 注重做好弱势群体的思想政治工作 [J]. 前线, 2001（5）: 24-25.

[80] 李林. 法治社会与弱势群体的人权保障 [J]. 前线, 2001（5）: 23-24.

[81] 郇昌店, 张林. 从后果防范到权利赋予: 青少年体质健康治理转向研究 [J]. 山东体育学院学报, 2015, 31（4）: 23-28.

[82] House JS. Work Stress and Social Support [M]. Vol 4. Reading, Mass: Addison-Wesley Pub. Co, 1981.

[83] Thoits P A . Conceptual, methodological, and theoretical problems in studying social support as a buffer against life stress [J]. Journal of Health and Social Behavior, 1982, 23（2）: 145-159.

[84] Gottlieb B H. Social support strategies: Guidelines for mental health practice [M]. Beverly Hill: Sage Publications, 1983.

[85] 张卫东, 林喜红. 城市老年人社会支持利用度研究 [J]. 心理科学, 1997（5）: 414-417, 472-479.

[86] Finkelstein A. The aggregate effects of health insurance: Evidence from the introduction of medicare [J]. The Quarterly Journal of Economics, 2007, 122（1）: 1-37.

[87] Ainsworth B E, Haskell W L, Leon A S, et al. Compendium of physical activities: classification of energy costs of human physical activities [J]. Medicine & Science in Sports & Exercise, 1993, 25（1）: 71-80.

[88] Ainsworth B E, Haskell W L, Whitt M C, et al. Compendium of physical activities: An update of activity codes and MET intensities [J]. Medicine & Science in Sports & Exercise, 2000, 32（9 Suppl）: 498-504.

[89] Ainsworth B . 2011 Compendium of physical activities: A second update of codes and MET values [J]. Med Sci Sports Exerc, 2011, 43（8）: 1575-1581.

［90］Butte N F，Watson K B，Ridley K，et al. A youth compendium of physical activities：Activity codes and metabolic intensities［J］. Medicine and science in sports and exercise，2018，50（2）：246-256.

［91］张云婷，马生霞，陈畅，等.中国儿童青少年身体活动指南［J］.中国循证儿科杂志，2017，12（6）：401-409.

［92］范卉颖，唐炎，张加林.上海市青少年运动意愿及其影响因素［J］.上海体育学院学报，2017，41（3）：48-53，63.

［93］张丹青，路瑛丽，刘阳.身体活动和静态生活方式的影响因素——基于我国儿童青少年的系统综述［J］.体育科学，2019，39（12）：62-75.

［94］程改平，曾果，刘婧，等.家庭环境对学龄儿童身体活动的影响［J］.中国学校卫生，2009，30（10）：903-904.

［95］刘爱玲，胡小琪，栾德春，等.我国中小学生参加家务劳动情况分析［J］.中国学校卫生，2008，29（12）：1071-1073.

［96］裴晓兰.成才与成人：青少年家务参与状况折射出的教育问题［J］.当代青年研究，2015（5）：19-24.

［97］王琪延，郭茜.从时间分配看青少年生活方式［J］.中国统计，2007（9）：27.

［98］Carlson J A，Sallis J F，Chriqui J F，et al. State policies about physical activity minutes in physical education or during school［J］. Journal of School Health，2013，83（3）：150-156.

［99］国务院办公厅.中共中央、国务院关于加强青少年体育增强青少年体质的意见［EB/OL］.（2007-05-07）［2020-07-07］.中国政府网. www. gov. cn/gongbao/content/2007/content_663655. htm.

［100］关颖.我国大城市少年儿童体育活动状况及影响因素探析［J］.天津体育学院学报，2005（3）：28-31.

［101］罗炯，唐炎，公立政.西南地区青少年课外体育锻炼行为现状及妨碍因素研究报告［J］.北京体育大学学报，2012，35（1）：80-86.

［102］柳鸣毅，张朋龙，李健楠，等.英国青少年校外体育参与模式研究——兼论政府、社会和市场的权界［J］.沈阳体育学院学报，2016，35（4）：78-83.

［103］联合国经济与社会事务部人口司.世界城市化展望：各国及地区城市人

口规模和变动率（1995—2025）［J］.人类居住，2017（4）：60-64.

［104］沈晶，杨秋颖，郑家鲲，等.建成环境对中国儿童青少年体力活动与肥胖的影响：系统文献综述［J］.中国运动医学杂志，2019，38（4）：312-326.

［105］Lawrence W，Green，Marshall W. Kreuter，Health Promotion & Planning［M］.Mayfield Publishing，1999.

［106］卡麦兹.建构扎根理论：质性研究实践指南［M］.边国英，译.重庆：重庆大学出版社，2009.

［107］Bauman A E，Reis R S，Sallis J F，et al. Correlates of physical activity：Why are some people physically active and others not?［J］.Lancet，2012，380（9838）：258-271.

［108］陈培友.社会生态视域下我国青少年体力活动促进模式研究［D］.南京：南京师范大学，2014.

［109］向剑锋.体质弱势青少年体力活动环境的社会生态学研究［J］.武汉体育学院学报，2019，53（8）：23-30.

［110］Williams D M，Dunsiger S，Ciccolo J T，et al. Acute affective response to a moderate-intensity exercise stimulus predicts physical activity participation 6 and 12 months later［J］.Psychology of Sport & Exercise，2008，9（3）：231-245.

［111］Valois R F，Renée Umstattd M，Zullig K J，et al. Physical Activity behaviors and emotional self-efficacy：Is there a relationship for adolescents?［J］.Journal of School Health，2008，78（6）：321-327.

［112］代俊，陈瀚.社会生态学视角下青少年校外身体活动行为的影响因素研究［J］.首都体育学院学报，2018，30（4）：371-377.

［113］Ryan G J，Dzewaltowski D A . Comparing the Relationships between different types of self-efficacy and physical activity in youth［J］.Health Education & Behavior，2002，29（4）：491-504.

［114］司琦，苏传令，Kim Jeongsu.青少年校内闲暇时间身体活动影响因素研究［J］.首都体育学院学报，2015，27（4）：341-345.

［115］孙拥军，吴秀峰.身体自我效能、目标定向与体育活动参与程度的关系［J］.北京体育大学学报，2008（10）：1315-1318.

［116］Nahas M V，Goldfine B，Collins M A. Determinants of physical activity in adolescents and young adults：The basis for high school and college physical education to promote active lifestyles［J］. Physical Educator，2003，60（1）：42.

［117］戈莎，郭雪鹏，颜芳. 天津市初中生身体活动行为自我认知研究［J］. 中国学校卫生，2015，36（7）：1016-1018，1021.

［118］国家体育总局. 2014年全民健身活动状况调查公报［EB/OL］.（2015-11-16）［2020-09-11］. www.sport.gov.cn/n315/n329/c216783/content. html.

［119］杜发强，樊晶晶. 我国青少年学生体质健康致因探析［J］. 体育与科学，2014，35（3）：60-67.

［120］胡鹏辉，余富强. 中学生体育锻炼影响因素研究——基于CEPS（2014—2015）数据的多层模型［J］.体育科学，2019，39（1）：76-84.

［121］王富百慧，王梅. 动机与兴趣：社会环境与城市青少年身体活动之间的中介因素研究［J］.中国青年研究，2018（5）：67，76-83.

［122］Moore L L，Lombardi D A，White M M J，et al. Influence of parents' physical activity levels of young children［J］. Journal of Pediatrics，1991，118（2）：215-219.

［123］Bauer K W，Neumark-Sztainer D，Fulkerson J A，et al. Familial correlates of adolescent girls' physical activity，television use，dietary intake，weight，and body composition［J］. International Journal of Behavioral Nutrition and Physical Activity，2011，8（1）：25.

［124］胡月英，唐炎，张加林，等. 父母因素对青少年中到大强度身体活动的影响研究［J］.中国体育科技，2017，53（3）：14-21.

［125］Haye K D L，Heer H D D，Wilkinson A V，et al. Predictors of parent‐child relationships that support physical activity in Mexican‐American families［J］. Journal of Behavioral Medicine，2012，37（2）：234-244.

［126］Beets M W，Cardinal B J，Alderman B L. Parental social support and the physical activity related behaviors of youth：A review［J］. Health Education & Behavior，2010，37（5）：621-644.

［127］约翰·桑特罗克.青少年心理学［M］.寇彧，译.北京：人民邮电出版

社，2013.

[128] Zhang T, Solmon M A, Gao Z. Promoting school students' physical activity: A social ecological perspective [J]. Journal of Applied Sport Psychology, 2012, 24（1）: 92-105.

[129] 王富百慧，王元超，谭芷晔. 同伴支持行为对青少年身体活动的影响研究 [J]. 中国体育科技, 2018, 54（5）: 18-24.

[130] 杨尚剑. 社会支持、自我效能与青少年体育锻炼满意度的关系 [J]. 武汉体育学院学报, 2016, 50（2）: 90-94.

[131] 季浏. 聚焦前沿热点问题、关注体育教育发展、共探学生成长未来——2019国际体育课程与教学大会综述 [J]. 成都体育学院学报, 2019, 45（5）: 27-34.

[132] 王菁，于善旭. 体育伤害事故阻滞学校体育正常开展久治不果的致因与治理 [J]. 首都体育学院学报, 2014, 26（5）: 420-427.

[133] CDC. Youth physical activity: The role of communities [EB/OL]. [2021-10-13]. https://www.cdc.gov/healthyschools/physicalactivity/toolkit/factsheet_pa_guidelines_communities.pdf.

[134] Stokols, Daniel. Translating social ecological theory into guidelines for community health promotion [J]. American Journal of Health Promotion Ajhp, 1996, 10（4）: 282-298.

[135] Cohen D A, Ashwood S, Scott M, et al. Proximity to school and Physical activity among middle school girls: The trial of activity for adolescent girls study [J]. Journal of Physical Activity & Health, 2006, 2（1）: S124-133.

[136] Kurka J M, Adams M A, Todd M, et al. Patterns of neighborhood environment attributes in relation to children's physical activity [J]. Health and Place, 2015, 34: 164-170.

[137] Sallis J F, Mckenzie T L, Conway T L, et al. Environmental interventions for eating and physical activity: A randomized controlled trial in middle schools [J]. American Journal of Preventive Medicine, 2003, 24（3）: 209-217.

[138] 周热娜，傅华，李洋，等. 上海市某两所中学初中生体力活动环境影响因素分析 [J]. 复旦学报: 医学版, 2013（2）: 71-76, 81.

［139］Ajzen I. The theory of planned Behavior［J］. Organizational Behavior and Human Decision Processes, 1991, 50（2）: 179-211.

［140］Ward D S, Saunders R P, Pate R. Physical activity interventions in children and adolescents［M］. Champaign, IL: Human Kinetics, 2007: 194.

［141］Motl R W, Dishman R K, Trost S G, et al. Factorial validity and invariance of questionnaires measuring social-cognitive determinants of physical activity among adolescent girls［J］. Preventive Medicine, 2000, 31（5）: 584-594.

［142］Robbinslb, Wuty, Sikorskii A, et al. Psychometric assessment of the adolescent physical activity perceived benefits and barriers scales［J］. Journal of Nursing Measurement, 2008, 16（2）: 98-112.

［143］Ishii K, Shibataa, Oka K. Environmental, psychological, and social influences on physical activity among Japanese adults: structural equation modeling analysis［J］. International Journal of Behavioral Nutrition and Physical Activiy, 2010, 7（1）: 61.

［144］Prochaska J J, Rodgers M W, Sallis J F. Association of parent and peer support with adolescent physical activity［J］. Research Quarterlyfor Exercise and Sport, 2002, 73（2）: 206-210.

［145］Craig C L, Marshall A L, Sjostrom M, et al. International physical activity questionnaire: 12-country reliability and validity［J］. Medicine and Science in Sports and Exercise, 2003, 35（8）1381-1395.

［146］Sallis J F, Kerr J, Carlson J A, et al. Evaluating a brief self- report measure of neighborhood environments for physical activity research and surveillance: Physical activity neighborhood environment scale （PANES）［J］. Journal of physical activity & health, 2010, 7（4）: 533-540.

［147］Chen H, Dai J, Gao Y . Measurement invariance and latent mean differences of the Chinese version physical activity self-efficacy scale across gender and education levels［J］. Journal of Sport and Health Science, 2019, 8（1）: 46-54.

［148］邱皓政, 林碧芳. 结构方程模型的原理与应用［M］. 北京: 中国轻工业出版社, 2009.

［149］吴明隆. 结构方程模型：Amos的操作和应用［M］. 重庆：重庆大学出版社，2013.

［150］Thomas Q T, Dagkas S. Children's engagement in leisure time physical activity: Exploring family structure as a determinant［J］. Leisure Studies, 2010, 29（1）: 53-66.

［151］Wood Carly, Gladwell Valerie, Barton Jo, et al. A repeated measures experiment of school playing environment to increase physical activity and enhance self-esteem in UK school children［J］. Plos One, 2014, 9（9）: e108701.

［152］郭建军，杨桦. 中国青少年体育发展报告（2015）［R］. 北京：社会科学文献出版社，2015：51-85.

［153］Ewing R, Schroeer W, Greene W. School location and student travel analysis of factors affecting mode choice［J］. Transport Res Rec, 2004, 1895（8）: 55-63.

［154］马瑞，俞继英. 体育明星崇拜对我国青少年体育精神认知的影响［J］. 上海体育学院学报，2010，34（4）：11-14.

［155］张加林，唐炎，胡月英. 我国儿童青少年体育环境特征与存在问题研究［J］. 体育科学，2017，37（3）：21-34，97.

［156］叶峻. 社会生态学与协同发展论［M］. 北京：人民出版社，2012.

［157］苏传令. 社会生态学模型与青少年体力活动关系的研究综述［J］. 浙江体育科学，2012，34（2）：94-98，124.

［158］于海峰. 青少年休闲性身体活动动机研究［D］. 长春：东北师范大学，2008.

［159］于海峰，倪维广. 国外青少年身体活动动机理论及其对体育教育的启示［J］. 心理科学，2008，31（6）：1443-1445.

［160］柳鸣毅，王梅，徐杰，等. "健康中国2030"背景下中国青少年体育公共政策研究［J］. 体育科学，2018，38（2）：91-97.

［161］张春合. 高校高水平运动队组办效益多元评价［M］. 北京：高等教育出版社，2016.

［162］李杰，陈超美. CiteSpace科技文本挖掘及可视化［M］. 北京：首都经济贸易大学出版社，2016.

［163］范成文. 我国老年人体育服务社会支持系统研究［D］. 长沙：湖南师范大学，2019.

［164］赵磊磊. 农村留守儿童学校适应及其社会支持研究［D］. 上海：华东师范大学，2019.

［165］蒋立兵，李永安. 青少年体质问题致因分析与健康促进协同机制研究［J］. 中国青年研究，2016（6）：12，13-19.

［166］Winslow C E A. The untilled fields of public health［J］. Science，1920，51（1306）：23-33.

附件1　访谈提纲

访谈对象	访谈提纲
青少年	1. 谈谈你对身体活动的看法。身体活动有没有给你带来一些变化 2. 你喜欢体育运动吗？为什么 3. 谈谈你在学校体育锻炼的实际情况或遇到的问题 4. 谈谈你在社区（家附近）体育锻炼的实际情况或遇到的问题 5. 你希望在体育锻炼方面得到哪些帮助 6. 你们学校重视体育吗？请举例说明 7. 谈谈父母对你体育锻炼的帮助或者阻碍 8. 有什么因素特别能促使（激励）你去锻炼 9. 你周围的人（父母、老师、邻居、朋友）有没有谁做了一些事情让你更想去锻炼 10. 你喜欢和朋友、同学一起锻炼吗 11. 有没有鼓励你的同学、朋友和你一起锻炼
体育教师（教练）	1. 您对当前学校体育课和体育活动的状况满不满意？请举例说明 2. 您在体育课中遇到的最大的问题是什么 3. 对于部分学生不喜欢体育运动，您有没有什么方法 4. 您觉得学校还需要给予体育课、体育活动什么支持？具体说明 5. 您在体育课上有哪些办法可以有效提高学生的身体活动水平 6. 您会鼓励学生进行体育锻炼吗 7. 除了体育课以外，您还在哪些时候带领或者指导学生进行体育锻炼 8. 您如何处理体育中考项目（体质达标）和学生个性化运动选择这一矛盾

（续表）

访谈对象	访谈提纲
班主任、学校管理人员	1. 您觉得当前学校体育和体育活动开展的情况如何 2. 贵校在学校体育方面有哪些特别关注或支持的地方 3. 对于课间、大课间、课后体育活动贵校有什么好的安排 4. 谈谈贵校在学校体育方面有哪些管理举措、规章制度 5. 贵校目前在学校体育方面面临的问题有哪些 6. 您觉得政府或者社会还需要给予学校体育什么支持 7. 您认为贵校在学校体育上还有哪些方面需要进一步完善 8. 您如何看待学校体育与文化课之间的关系
家长	1. 您自己平时会经常进行身体活动吗（体育锻炼、做家务、步行等）？孩子有没有受到您的影响 2. 您怎么看待孩子的体育 3. 您是否会给予孩子体育方面的物质支持（购买体育器材、报培训班等） 4. 您会不会陪着孩子一起进行身体活动（接送孩子、看着他锻炼、一起做家务等） 5. 您觉得你在孩子身体活动方面遇到哪些比较困难的问题 6. 您是否常常与孩子讨论体育方面的事情 7. 您觉得您在孩子体育方面遇到的困难有哪些 8. 您对孩子体育方面的其他实际支持有什么？请举例 9. 您认为学校、社区、政府还需要在哪些方面给予青少年身体活动支持
教育行政部门管理人员	1. 您对当前青少年身体活动的状况满意吗 2. 在青少年身体活动方面有哪些突出的问题 3. 在青少年身体活动方面有哪些棘手的问题 4. 您觉得哪些因素可以有效提高青少年身体活动水平 5. 从政府的角度谈谈对青少年身体活动促进有哪些举措和对策（经费支持、活动开展、政策保障等） 6. 您对青少年身体活动的促进有哪些建议或者看法

访谈对象	访谈提纲
社区工作人员	1. 请谈谈您所在的社区（街道、村）给予体育锻炼方面的实际支持。请具体说明 2. 您所在的社区（街道、村）锻炼的人多吗 3. 您所在的社区（街道、村）经常举办体育活动吗 4. 您所在的社区（街道、村）是否关注青少年体育锻炼？有哪些具体的行动 5. 目前社区体育方面面临的问题有哪些 6. 您所在的社区（街道、村）有哪些体育组织？平时是如何开展活动的？青少年参与的情况怎么样 7. 您所在的社区（街道、村）经常对健康促进行宣传吗 8. 您觉得政府或者其他社会各界在社区体育方面还可以给予您所在的社区（街道、村）哪些支持

注：在访谈之前首先要向访谈对象解释身体活动的概念；在访谈过程中，针对访谈对象的回答内容可以进行追问。

附件2 初测问卷

青少年身体活动促进的影响因素调查问卷

亲爱的同学：

你好！非常真诚地感谢你参与本次调查！本次调查主要是了解你在身体活动方面的情况，身体活动主要包含四个部分：家务性身体活动（打扫卫生、洗衣服等）、交通性身体活动（步行或骑行）、学校体育活动（体育课、校内体育活动等）、校外体育活动。你的意见非常的宝贵，你无须在乎答案的对与错，仅就你个人真实的感受进行填写即可。我们承诺本次调查仅用于学术研究，你不需要填写自己的姓名，且我们会对你所填写的资料进行绝对的保密。若你的年龄未满12岁，请你在家人（监护人）的指导下进行填写。衷心地感谢你对本研究的帮助！

1. 你学校所在城市是？（只能选择一个答案）
   ◎武汉市
   ◎荆州市
2. 你学校的名称是＿＿＿＿＿＿＿＿＿＿＿＿。（填写学校的全称）
3. 你的年龄是＿＿＿岁。（填写阿拉伯数字）
4. 你的性别是？（只能选择一个答案）
   ◎男生
   ◎女生
5. 你所在的年级是？（只能选择一个答案）
   ◎小学五年级
   ◎小学六年级
   ◎初中一年级
   ◎初中二年级
   ◎高中一年级
   ◎高中二年级

6. 请根据你的直观感受，对各项的认同程度进行选择。（只能选择一个答案，请不要漏答或多选）

题　目	非常认同	认同	一般	不认同	完全不认同
1. 锻炼对我的身体健康有很大的帮助					
2. 我对锻炼非常感兴趣					
3. 一周中有很多天我都会坚持参加锻炼					
4. 体育运动对我来说太难了					
5. 就算学习的压力很大，我仍然坚持锻炼					
6. 父母认为锻炼有很多好处					
7. 我的父母也经常参加锻炼					
8. 父母常常会鼓励我进行锻炼					
9. 父母会陪着我一起锻炼					
10. 父母增长了我锻炼身体的知识					
11. 父母在体育运动方面给了我很多物质上的支持（购买体育器材、报培训班等）					
12. 体育老师经常在体育课上给我鼓励					
13. 体育老师常常参加锻炼，他身体看上去很健康					
14. 体育老师增长了我锻炼身体的知识					
15. 我的同学、朋友会鼓励我进行锻炼					
16. 我的同学、朋友常常邀请我一起锻炼					
17. 我很喜欢学校的体育与健康课程					
18. 我很喜欢学校的课外体育活动					
19. 我的体育老师课上得非常好					
20. 我们学校十分重视体育					
21. 我们学校经常宣传锻炼的益处					
22. 学校参与锻炼的人很多，体育活动也很多					
23. 学校经常会对体育课进行监督					
24. 因为害怕我们受伤，所以老师不让我们进行剧烈运动					

（续表）

题　目	非常认同	认同	一般	不认同	完全不认同
25. 我们社区（家附近）有很多体育社团、体育组织					
26. 我们社区（家附近）经常有叔叔、阿姨（哥哥、姐姐）指导我们锻炼					
27. 我们社区（家附近）常常举办一些体育活动或体育比赛					
28. 我们社区（家附近）的健康知识宣传增加了我对锻炼的了解					
29. 我们社区（家附近）每天锻炼的人很多					
30. 学校体育设施很齐全					
31. 我们社区（家附近）环境很好很适合锻炼，体育设施也齐全					
32. 我每天步行或骑行去学校					
33. 我们社区（家附近）就有公园，我经常去玩					
34. 我们社区（家附近）就有很多体育场馆					
35. 我们社区（家附近）的体育场馆都对外开放，而且收费较低					
36. 体育明星激励我更想去锻炼					
37. 媒体的宣传增进了我对锻炼的了解					
38. 我很相信媒体上关于锻炼的信息					
39. 国家政策很重视青少年体育					
40. 我们政府在青少年体育方面投入很多					
41. 政府发布的信息让我更加肯定了锻炼的重要性					
42. 体育升学考试使我更想去锻炼					
43. 政府各部门经常联合举办一些体育活动					

附件3 正式调查问卷

青少年身体活动促进的影响因素调查问卷

亲爱的同学：

你好！非常真诚地感谢你参与本次调查！本次调查主要是了解你在身体活动方面的相关情况，身体活动主要包含四个部分：家务性身体活动（打扫卫生、洗衣服等）、交通性身体活动（步行或骑行）、学校体育活动（体育课、校内体育活动等）、校外体育活动。你的意见非常的宝贵，你无须在乎答案的对与错，仅就你个人真实的感受进行填写即可。我们承诺本次研究仅用于学术研究，你不需要填写自己的姓名，且我们会对你所填写的资料进行绝对的保密。若你的年龄未满12岁，请你在家人（监护人）的指导下进行填写。衷心地感谢你对本研究的帮助！

1. 你学校所在城市是？（只能选择一个答案）
   ◎北京市
   ◎沈阳市
   ◎武汉市
   ◎荆州市
   ◎恩施市
   ◎长沙市
   ◎怀化市
   ◎深圳市
2. 你学校的名称是_____。（填写学校的全称）
3. 你的年龄是____岁。（填写阿拉伯数字）
4. 你的性别是？（只能选择一个答案）
   ◎男生
   ◎女生

5. 你所在的年级是？（只能选择一个答案）

◎小学五年级

◎小学六年级

◎初中一年级

◎初中二年级

◎高中一年级

◎高中二年级

6. 请根据你的直观感受，对各项的认同程度进行选择。（只能选择一个答案，请不要漏答或多选）

题　目	非常认同	认同	一般	不认同	完全不认同
1. 锻炼对我的身体健康有很大的帮助					
2. 我对锻炼非常感兴趣					
3. 一周中有很多天我都会坚持参加锻炼					
4. 体育运动对我来说太难了					
5. 就算学习的压力很大，我仍然坚持锻炼					
6. 父母认为锻炼有很多好处					
7. 我的父母也经常参加锻炼					
8. 父母常常会鼓励我进行锻炼					
9. 父母会陪着我一起锻炼					
10. 父母增长了我锻炼身体的知识					
11. 父母在体育运动方面给了我很多物质上的支持（购买体育器材、报培训班等）					
12. 体育老师经常在体育上给我鼓励					
13. 体育老师常常参加锻炼，他体型看上去很健康					
14. 体育老师增长了我锻炼身体的知识					
15. 我的同学、朋友会鼓励我进行锻炼					
16. 我的同学、朋友常常邀我一起锻炼					
17. 学校的体育与健康课程我很喜欢					
18. 学校的课外体育活动我很喜欢					
19. 我的体育老师课上得非常好					

（续表）

题　目	非常认同	认同	一般	不认同	完全不认同
20. 我们学校十分重视体育					
21. 我们学校经常宣传锻炼的益处					
22. 学校参与锻炼的人很多，体育活动也很多					
23. 我们社区（家附近）有很多体育社团、体育组织					
24. 我们社区（家附近）常常举办一些体育活动或体育比赛					
25. 我们社区（家附近）的健康知识宣传增加了我对锻炼的了解					
26. 我们社区（家附近）每天锻炼的人很多					
27. 学校体育设施很齐全					
28. 我们社区（家附近）环境很好很适合锻炼，体育设施也齐全					
29. 我每天步行或骑行去学校					
30. 我们社区（家附近）就有很多体育场馆					
31. 我们社区（家附近）的体育场馆都对外开放，而且收费较低					
32. 体育明星激励我更想去锻炼					
33. 媒体的宣传增进了我对锻炼的了解					
34. 我很相信媒体上关于锻炼的信息					
35. 国家政策很重视青少年体育					
36. 我们政府在青少年体育方面投入很多					
37. 体育升学考试使我更想去锻炼					